# 浦东

## 社会主义现代化建设
## 引领区

### 逻辑演进与战略路径

王德忠　等著

格致出版社　　上海人民出版社

# 目　录

# 第1章　现代化演进逻辑与社会主义现代化建设引领区

2017 年,党的十九大在中国取得了改革开放和社会主义现代化建设的历史性成就基础上,综合分析国际国内形势和中国发展条件,明确提出"从 2020 年到 2035 年,在全面建成小康社会的基础上,基本实现社会主义现代化","从 2035 年到本世纪中叶,在基本实现现代化的基础上,把我国建成富强民主文明和谐美丽的社会主义现代化强国",指引了未来中国现代化建设的性质、目标、方向与战略安排。①当前,中国特色社会主义进入新时代,开启了全面建设社会主义现代化国家的新征程,在这个关键的历史时期,现代化建设面临的形势更加复杂多变,基本实现现代化、建设社会主义现代化强国需要有优势的地区走在前列、形成引领。2021 年 7 月 15 日,《中共中央国务院关于支持浦东新区高水平改革开放打造社会主义现代化建设引领区的意见》(后文简称引领区《意见》)正式公布,支持浦东打造社会主义现代化建设引领区,打造全面建设社会主义现代化国家窗口,掀开中国现代化建设纵深推进的崭新篇章。立足新发展阶段、贯彻新发展理念、构建新

---

① 习近平:《决胜全面建成小康社会　夺取新时代中国特色社会主义伟大胜利——在中国共产党第十九次全国代表大会上的报告》,2017 年 10 月 18 日。

发展格局,需要准确把握住人类现代化演进的逻辑主线,深入认识现代化的理论逻辑与时代逻辑,深入理解中国探索社会主义现代化历程中的实践逻辑,聚焦浦东新区高水平改革开放打造社会主义现代化建设引领区的理论基础与时代特征,努力探索出符合现代化客观规律,适合中国国情、体现时代要求、推动人类发展的社会主义现代化路径。

世界正处于现代化进程中,从全球角度看,现代化是一个世界性的客观现象,大致起步于 18 世纪,扩散于 19 世纪,流行于 20 世纪和 21 世纪(何传启,2018)。从 18 世纪工业革命以来,人类现代化进程已经有 200 多年的历史,[①]全球多数国家都被卷入现代化浪潮中,现代化的演进历程既是一个理论探索过程,也是一个实践创造的过程,蕴含着人类社会发展的客观规律与基于实践发展的主观选择。在这个过程中,基于生产力与生产关系的理论逻辑、基于经济社会发展的时代逻辑与基于主客观辩证统一的中国实践逻辑共同构成了世界现代化的演进逻辑。

## 1.1 现代化演进的理论逻辑

何为现代化、如何实现现代化、实现怎样的现代化是历史问题,又是现代性问题。回答好关于现代化的问题首先需要揭示现代化的基本内涵,理清现代化的起源与发展历程,找出现代化的发展动力,即回

---

① 以 1765 年珍妮纺织机的发明作为工业革命开始的标志来算,工业革命爆发至今 250 多年。

答在人类社会发展客观规律上的现代化演进的理论逻辑,并基于客观
规律探索在主观选择上的现代化演进的模式有哪些。

### 1.1.1　现代化的理论内涵

美国学者莱因哈德·本迪克斯(Reinhard Bendix)将现代化理解
为"起始于英国工业革命和政治性的法国大革命的一种社会变迁模
式",认为其"存在于一些'先进社会'的经济和政治进步中以及继之而
来的'后进社会'的变迁进程之中"(胡洪彬,2021)。戴维·波普诺
(David Popenoe)在《社会学》中指出:"现代化指的是发生在一个传
统的前工业社会向工业化和城市化社会转化的过程中发生的主要
的内部社会变革。"(波普诺,1987)西里尔·布莱克(Cyril Black)认
为,现代化即一个社会获得"那些在技术、政治、经济和社会发展诸方
面处于最先进水平的国家所共有的特征"的过程(布莱克,1988)。丹
尼尔·勒纳(Daniel Lenrer,1958)认为从传统社会向现代社会的转变
就是现代化。

在西方众多学者的探讨中,现代化逐渐形成完善的理论体系,随
着现代化的全球化进程扩散到世界各地。现代化理论中国学派的
阐释以罗荣渠、何传启的研究较为经典。罗荣渠认为:广义而言,现代
化作为一个世界性的历史过程,是指人类社会从工业革命以来所经历
的一场急剧变革,它以工业化为推动力,导致从传统农业社会向现代
工业社会的全球性的大转变;狭义而言,现代化指落后国家迅速赶上
先进工业国家水平和适应现代世界环境的发展过程(何传启,2003)。
何传启(2018)认为,现代化是一个世界现象,是一种文明进步,更是一

种发展目标,有经典现代化("以工业经济和工业社会为基础和导向的现代化"的一种简称)和新型现代化或新现代化("以知识经济和知识社会为基础和导向的现代化"的一种简称)两个发展阶段。

虽然由于"现代化"涉及的范围广,包括经济、社会、政治、文化甚至军事、外交等众多领域,且内涵丰富,理论体系复杂,目前学术界对世界现代化的起源看法不同,但研究者基本上在以下几个"现代化"的明显特征上达成共识:一是现代化一般是在近代资本主义即欧洲文艺复兴现代意识兴起后产生的,因此,"现代化实质为传统社会的解体和新的社会形态重塑的过程"(陈丹、张越,2021)。二是现代化国家体现为经济落后国家通过技术革命实现工业化,从而从经济和技术上赶上甚至超过先进水平国家的过程,因此,现代化的重要标志就是工业化的完成和经济发展程度达到世界先进水平(董志勇、沈博,2021)。三是现代化往往伴随着科学革命和产业革命,并由此带来人类社会各领域的变迁,因此,现代化不仅是现代大工业和现代生产力,还包括现代生产关系等方面的内容(张占斌,2021)。四是现代化包括人类社会心态、价值观和生活方式的转变,因此,也表现为传统农业社会在工业化推动下向现代工业社会转变(罗荣渠,2009)。

## 1.1.2 现代化的理论层次

现代化的研究展示了其包含四种层面的意蕴:第一层是时间尺度,即哪一时期开启了现代化的进程。第二层是真理尺度,即现代化的发展实践反映了什么客观规律。第三是历史尺度,即对现代化的认识同特定历史发展阶段的客观实践是相符合的。第四是价值尺度,即现代化带来的社会实质性变化,包括经济、政治、社会、文明等多形态、多领域的深刻改变。

在现代化的时间尺度上,习近平总书记指出:"18 世纪出现了蒸汽机等重大发明,成就了第一次工业革命,开启了人类社会现代化历程。"①因此,18 世纪爆发的第一次工业革命是人类现代化的开端,一般意义上的现代化也就起始于西方资本主义国家。英国作为最早确立资本主义制度的国家也是最早实现现代化的国家。从现代化的起源时间来看,英国实现现代化的直接原因是第一次工业革命的顺利完成,而英国最早实现现代化的直接原因则是最早确立资本主义制度,这促成了工业革命在英国形成的各种前提条件,如对外掠夺提供了资本主义生产的巨额原始资金,圈地运动为资本主义生产提供了大量的廉价劳动力和广阔的产品市场等,工场手工业的蓬勃发展在技术上提供了可能等。

进一步探究资本主义制度的确立促使工业革命的形成,最终使得英国率先实现现代化的本质原因,就会发现现代化的真理尺度,真理尺度反映了推动现代化发展的根本动力所在。在现代化的发展历程中,西方发达国家率先宣布实现了现代化,《中国现代化报告 2020:世界现代化的度量衡》也显示,2017 年实现现代化的国家有 20 个②,全部是西方资本主义国家(何传启,2020)。因此,在现代化早期的世界人民看来,现代化就是西方化或者工业化,就是资本主义国家所呈现

---

① 习近平:《为建设世界科技强国而奋斗——在全国科技创新大会、两院院士大会、中国科协第九次全国代表大会上的讲话》,《人民日报》2016 年 6 月 1 日。

② 分别是丹麦、瑞典、瑞士、荷兰、美国、比利时、新加坡、德国、挪威、芬兰、爱尔兰、法国、英国、日本、奥地利、澳大利亚、韩国、以色列、加拿大和新西兰。

出来的面貌。然而，在中国成功崛起为世界第二大经济体后，越来越多的人开始反思现代化为什么在社会主义制度的中国也是可行的。很多学者指出，机器大工业是现代社会发展的根本动力（时家贤、康贺，2021），科技革命引发的工业革命是现代化的根本推动力（罗荣渠，1993；魏丽、肖广岭，2020），工业化的发展水平决定了现代化的实现程度（彭朝花、郭山宁，2021）。而再究其本质，马克思、恩格斯指出，资本主义的生产方式比过去一切世代创造的全部生产力还要多，还要大，产生了以往人类历史上任何一个时代都不能想象的工业和科学力量，新的工业的建立已经成为一切文明民族的生命攸关的问题。[①]因此，工业之所以被理解为传统现代化的推动力，是因为世界各国实现现代化的总体趋势基本是从手工业向机器大工业转变，机器大工业使传统技术基础及原有的社会关系得到全新改造，从而确立了现代社会的统治地位（彭朝花、郭山宁，2021）。即英国工业革命在资本主义制度下使得生产方式发生了根本性的变革，生产关系开始转变，创造高度发达的比封建制度先进的生产力和更高的劳动生产率。从历史角度看，资本主义社会取代封建社会是社会发展的巨大进步，因此生产力的发展是现代化最根本的一部分（余根雄，2018）。在生产力与生产关系的矛盾运动下，资本主义制度取代了封建主义制度，造就了工业革命，进而促成了现代化在西方国家的社会变革。生产力与生产关系的辩证统一即人类现代化发展的客观规律，两者的矛盾运动是现代化的根本动力。

---

[①] 《马克思恩格斯选集》（第一卷）（第二卷），人民出版社1995年版。

　　第一次工业革命的蓬勃发展通过全球化席卷欧美国家,世界开始按照机器大工业的生产方式进行国际分工,更多的西方国家开始从传统农业社会向现代工业社会转变。这是现代化的历史尺度。资产阶级由于开拓了世界市场,使一切国家的生产和消费都变成世界性的了。①现代化开始了全球化进程,从英国扩展至法国、德国等西欧国家,并进一步向"太平洋两岸"推进,早期现代化作为一种世界性历史潮流经历了从"地中海沿岸"到"大西洋沿岸"再到"太平洋两岸"的发展过程(时家贤、康贺,2021)。在现代化的真理尺度下,一方面,资本主义经济的生产力进一步发展,19 世纪 60 年代后期第二次工业革命蓬勃兴起。另一方面,资本主义生产资料的私有制必然导致经济危机,1929 年至 1933 年,资本主义国家相继陷入了资本主义经济史上最持久、最深刻、最严重的经济危机。现代化进程至此,美国的综合国力超过英国成为世界霸主,一直到今天美国都是西方现代化的代表国家。从西方国家的现代化实践历史来看,基于相同的社会制度也会产生不同的现代化水平,这既是生产力与生产关系的客观规律决定的,也是基于各国发展水平差异下的不同选择决定的。从划分社会形态的技术标准来看,"纵观世界文明史,人类先后经历了农业革命、工业革命、信息革命"②,现代化是从传统文明向现代文明的范式转变,那么现代化阶段可以分为两个,即第一次和第二次现代化:第一次现代化是从农业社会向工业社会的转变,第二次现代化则是从工业社会向知识社

---

　　①　《马克思恩格斯选集》(第一卷),人民出版社 2012 年版。
　　②　中共中央文献研究室编:《习近平关于科技创新论述摘编》,中央文献出版社 2016 年版,第 86 页。

会的转变(何传启,2018)。从现代化发端时间早晚不同的角度看,可以将现代化模式分为早发型现代化和后发(迟发)型现代化两种类型。后发型现代化的现代化起点较低,其现代化的起步不是由自身的"自然演化"所致,不是"内生"的,而是迫于早发型现代化国家所形成的外部压力被迫步入现代化的,或者说其现代化发端始于"外生"(吴忠民,2020)。根据对世界各国现代化进程的社会条件、国际背景、历史阶段等因素的综合分析,工业革命以来人类大致走过三种类型的现代化道路:一是以英国、法国为代表的资本主义现代化道路。它是在社会基本矛盾激化基础上进行社会革命,推动社会变迁,进而确立现代国家制度,引领国家实现现代化。二是以美国、日本为代表的资本主义现代化道路。它是以英法模式为师,压缩确立资本主义制度的历史进程,实现跨越式现代化。三是以苏联为代表的现代化道路。表现为现代化进程起步较晚,各方面基础相当薄弱,目的是在较短的时间内实现现代化,其现代化进程终止于国家解体(孟鑫,2020)。以经济形态和社会意识形态为划分依据,当代社会现代化的方式主要有三种:资本主义现代化方式、苏联式社会主义现代化方式,以及中国特色社会主义现代化道路(高璐佳,2019)。

在不同的历史发展阶段,现代化的实践起点、路径、模式等是不同的,因此最终的效果也是不同的,这是现代化的价值尺度。国家和地区现代化的实现程度大致有三种水平:一是基本实现现代化,达到当年世界中等发达国家水平;二是平均实现现代化,达到当年世界发达国家水平;三是全面实现现代化,达到当年世界前沿水平(何传启,2018)。塞缪尔·亨廷顿(Samuel Huntington)在《变化社会中的政治秩序》中提出，"现代化是一个多层面的进程，它涉及人类思想和行为所有领域里的变革"（亨廷顿，1989），使工业主义渗透到经济、政治、文化、思想各个领域，引起深刻的相应变化（罗荣渠，1993），包括工业化、城市化，以及识字率、教育水平、富裕程度、社会动员程度的提高和更复杂的、更多样化的职业结构（王德馨，2020）。瓦尔马（1983）则提出了五条评判现代化的标准：合理性、个人主义、现世主义、科学主义、平等主义。根据何传启（2018）的研究，第一次现代化是从农业经济向工业经济、从农业社会向工业社会的转变，主要表现为工业化、城市化、民主化、理性化、机械化、电气化和提高生活水平等，以经济增长为中心。第二次现代化是从工业经济向知识经济、从工业社会向知识社会的转变，主要表现是知识化、信息化、绿色化、全球化、网络化、智能化和提高生活质量等，以生活质量为中心。可以看到，现代化意味着先进性、进步性，但是在不同的历史发展阶段，现代化的价值尺度也有所不同。在传统现代化阶段，现代化的价值尺度以经济或者政治为中心，这同农业文明时代向工业文明时代转变的阶段相符。伴随着资本主义现代化推进生产力跨越式增长的是，生产力同资本主义生产关系及上层建筑之间的尖锐的矛盾和冲突，经济危机、贫富分化、生态危机、气候问题等不断出现的新现代阶段，经济或者政治不再是主要的唯一的价值尺度。超越工业文明的知识文明社会（魏丽、肖广岭，2020）或者生态文明时代（洪银兴，2018）、智能文明（张云飞、曲一歌，2021）等描述表明现代化的逻辑演进有深刻的时代特征。

## 1.2 现代化演进的时代逻辑

作为人类发展的一种历程,现代化的发展随着人类文明的演进而演进。工业革命推动着人类社会由农业文明转向了工业文明,即以工业为基础的人类文明时代,工业成为传统现代化的推动力量。随着西方发达资本主义国家的经济结构的转变,服务业的发展逐渐超过了工业。美国哈佛大学教授丹尼尔·贝尔(Daniel Bell)在 1973 年指出,现代工业社会进入一个新的发展阶段即后工业社会,这个新阶段以信息和服务为基础。何传启(1998)提出,经典现代化是指从农业社会向工业社会的转变过程及其深刻变化,第二次现代化是指从工业社会向知识社会的转变过程和变化。可以看出,现代化的时代逻辑有两个特征:一是以人类文明的阶段为基础,不同阶段现代化的推动力量、基础要素存在不同;二是以时代的需求为导向,不同时代现代化的实践模式、价值取向存在不同。

### 1.2.1 从农业文明到工业文明:传统现代化

起始于 18 世纪西方工业革命的现代化一般被称为传统现代化或者第一次现代化。传统现代化有三个主要特征:一是建立在资本主义制度下,二是推动西方国家实现了从农业社会向工业社会的转变,三是以资本、工业为核心推动力量。

### 1. 资本主义现代化的时代进步性

资本主义社会是马克思主义唯物史观中人类社会发展的第四种形态①，从历史发展的角度，马克思主义肯定了资本主义的进步意义，"资本主义是发展到最高阶段的商品生产"，"在资本主义基础上，在工人和农民群众处于商品生产下可能具有的最好环境中，生产力得到最迅速和最自由的发展"，"资本主义的历史使命是发展社会生产力"。②农业文明时代生产力的落后严重限制了社会的发展，经济发展水平的落后导致社会各个层面的落后。资本主义制度在西方发达国家的建立在农业文明时代是一种社会的进步，推动了人类文明的前进，生产力在资本主义制度下得到解放与发展，人类社会成功进入工业文明时代，以工业经济的发展程度或者资本主义制度的建立作为现代化的主要评判标准是符合当时的时代要求的。马克思主义理论也肯定了资本主义社会创造的高度发达的生产力是实现社会主义的重要前提条件。因此，西方国家率先建立起资本主义制度，生产力发展水平走在世界的前沿，成功主导了当时的世界秩序。资本主义发达国家先后实现现代化奠定了工业文明时代现代化演进的基本格局，即便从当下的眼光去审视当时的现代化发展及水平，工业化程度仍然是很重要的一个评判标准。西方国家的现代化基本上都趋向于走工业化发展之路，大大提高了世界的生产力水平，在全球化的推动下，生产力的进步红利惠及了发展中国家。从时代发展的动态角度来看，西方的资本主义

---

① 马克思理论按照阶级矛盾和社会制度的性质将人类社会的发展划分为五种形态：原始社会、奴隶社会、封建社会、资本主义社会、共产主义社会（社会主义社会）。

② 《列宁选集》（第一卷），人民出版社2012年版，第182页。

的传统现代化体现了进步与繁荣,开启了整个人类社会现代化的进程,具有历史意义。

## 2. 资本主义现代化的时代局限性

建立在资本主义制度下的传统现代化的发展是以资本为逻辑主线的。"资本主义生产方式第二个特征是,剩余价值的生产是生产的直接目的和决定动机。资本本质上是生产资本的,但只有生产剩余价值,它才生产资本。"①"资本主义是进步的,因为它消灭了旧的生产方式,发展了生产力,而同时,在它发展到一定阶段又阻碍生产力的提高。资本主义一方面培养组织工人,加强他们的纪律性,另一方面又压制和压迫工人,使他们走向蜕化和贫穷等等。"②因此,资本主义现代化在不断进步的同时又伴随着剥削与压迫,在资本主义生产资料私有制的基础上造成贫富分化、社会极化等严重的社会问题。资本追求剩余价值意味着资本现代化的价值取向是"资本",是以资本逻辑为遵循的现代化。在生产资料私有制的基础上以资本为价值取向最终必然导致财富集中在少数资本家手上,不断加重对工人阶级的剥削。伴随着资本家财富积累的是工人阶级贫困的累积,在资本主义现代化的先进性得以表达后,随着时代的发展和进步,其弊端和沉疴愈发凸显,以经济、政治或财富为基本要素的现代化开始显现其明显的阶级局限和历史局限。

以资本主义制度为基础的现代化在工业革命后快速发展,但是由于资本主义制度的局限而间断出现缓慢发展甚至停滞的现象。伴随着资本主义制度生产力与生产关系的矛盾运动,资本主义制度的生产

---

① 《马克思恩格斯选集》(第二卷),人民出版社 1995 年版,第 582 页。
② 《列宁选集》(第二卷),人民出版社 2012 年版,第 274 页。

关系对生产力的作用由促进到限制,现代化进程集中表现在经济上就是繁荣与衰退的交替出现。从人类文明发展的时空跨度看,由农业文明转向工业文明,以及工业文明的发展历程中伴随着经济周期性的涨落,这就是"康德拉季耶夫大周期",又称"长波""长周期",是国际知名的经济学家尼古拉·康德拉季耶夫(Nikolai Kondratiev)于 20 世纪 20 年代提出的经济周期理论。

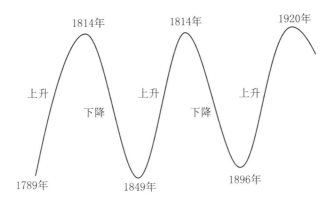

图 1.1　工业文明时期的三轮康波周期

资料来源:大卫·科茨、张开、顾梦佳、崔晓雪、李英东,《长波和积累的社会结构:一个评论与再解释》,《政治经济学评论》2018 年第 2 期。

资本主义现代化发展的繁荣期是以工业革命为开端的,这也正好是康德拉季耶夫长波的第一次长波的开端。第一次长波以工业革命为特征,这一周期波动主要发生在英国(向祖文,2009)。随后在资本主义基本矛盾运动下,资本主义发生第一次经济危机,现代化进程进入缓慢期,19 世纪 40 年代成为"饥饿年代"(向祖文,2009)。随着技术进步,内燃机、发电机和电动机的发明进一步提高了资本主义生产力,现代化的进程在新的技术范式下再次进入繁荣期,这是康波周期的第二个长波。但是，随后资本主义主要国家的经济又再次陷入了 19 世纪最后 20 多年的慢性萧条，即新的经济危机，现代化发展也相应进入缓慢甚至停滞期(向祖文，2009)。紧接着是电的发明及广泛应用带来了第三次长波，现代化的进程进一步推进。因此，资本主义的现代化发展历程伴随着资本主义的经济危机周期性爆发，可以看出资本主义基本矛盾决定了资本主义现代化的发展：伴随着每一次经济危机，现代化发展进入停滞期。同时，每一次重大技术变革推动生产力的发展，能够在一定程度上缓解资本主义基本矛盾导致的经济危机，从而再一次促进现代化的发展。

## 1.2.2　从工业文明到知识文明：现代化的时代选择

世界各国现代化起步先后不一，部分发达国家的现代化起步可以上溯到 16 世纪、17 世纪，部分发展中国家起步于 19 世纪或 20 世纪。与此同时，在 20 世纪，发生在美国的信息技术革命、世界科技的飞速发展、高等教育和科学知识的普及等，促进了人类社会第二次现代化。经济合作与发展组织在其 1996 年的年度报告中指出，其主要成员国的知识经济已经占国内生产总值(GDP)的 50% 以上，第二次现代化就是从工业时代向知识时代的转变(何传启，1998)。虽然关于这一阶段的人类文明有后工业文明、知识文明、信息化文明、生态文明等多种不同表述，但是它们都有一个共同的前提，就是社会的发展到了一个以知识或创新为驱动力的阶段，这个阶段以信息化为主要特征，科学技术高度发达，知识经济高度发展。因此，虽然表述有所不同，但是指向都是一致的，即第二次现代化主要指从工业社会向后工业社会(知识经济、信息社会等）的转型（唐爱军，2021）。这一阶段的现代化已经走过了资本主义制度下的资本原始扩张阶段，并在资本主义经济危机周期性出现下，越来越表现出重大技术变革的核心作用力量，而不再是资本。这一阶段的现代化道路也呈现出不同于资本主义的模式，带动人类现代化向全面现代化转变。

1. 现代化的时代转向：全面现代化

知识经济的兴起是一场革命，促进了传统产业生产效率的提高和服务业的快速发展，以及新的产业业态的出现，全球化、高科技化、服务化、网络化、数字化、虚拟化等成为新经济的主要特征。在工业经济时代，竞争优势决定于资本、工程技术和劳动力，人们希望拥有资本；在知识经济时代，竞争优势来自知识、创新和持续学习（何传启，1998）。当人类文明走到知识文明这一阶段时，传统的、契合资本时代需求的现代化生产方式不再满足时代的需求，知识化、信息化、绿色化的后工业社会现代化的价值取向从"资本"转向了"人与自然"。一方面，资本在全世界范围内攫取剩余价值，工业快速发展，其造成的环境和生态破坏问题在这个时代不得不放到日益重要的高度，否则经济发展难以为继，人类生存面临威胁，因此生态化成为现代化的一个重要方面。另一方面，人类社会发展的起点与终点都是人，人类文明的进步也推动着现代化的发展逻辑从"资本"转向了"人"，"更好满足人民在经济、政治、文化、社会、生态等方面日益增长的需要，更好推动人的全面发展、社会全面进步"①。现代化的发展不再是经济的或政治的，

---

① 《十九大以来重要文献选编》（上），中央文献出版社 2019 年版，第 8—9 页。

而是经济、政治、文化、社会、生态等方面的全面现代化。

2. 现代化的时代选择:社会主义现代化

马克思理论指出,人类社会发展的最终形态是共产主义,共产主义的初级阶段即社会主义,社会主义终将取代资本主义。因此,相对资本主义的传统现代化,社会主义现代化具有不可比拟的优越性与先进性,体现了时代的进步,也会是人类文明进步的最终指向。新时代的现代化需要破除一个传统的现代化观念,即所谓的后发优势观念,依靠模仿、引进和采用先行国家创新的现代科学技术来推进现代化。实践证明,这种追赶模式的现代化虽然能跟上先行国家,但不可能进入国际前沿,也谈不上真正的现代化(洪银兴,2018)。在世界格局变动的背景下,社会主义中国从世界舞台的边缘走向了中间地带,成功崛起为世界第二大经济体,在国际上拥有了更多的话语权与影响力,中国崛起为世界主要大国标志着西方普世主义的终结(雅克,2010:343)。这意味着人类现代化的演进模式除了西方资本主义道路还有其他选择,在生产力与生产关系的客观规律下,现代化的道路是开放多元的,人类社会存在多种通往现代化的不同路线(马蒂内利,2010:122)。中国现代化道路的成功实践拓展了发展中国家走向现代化的途径,给世界上那些既希望加快发展又希望保持自身独立性的国家和民族提供了全新选择,为解决人类问题贡献了中国智慧和中国方案。①

现代化的推动力量是重大技术进步。资本主义现代化在经济周期性繁荣与衰退中艰难前进,随着全球现代化进程的加快推进,资本

① 《党的十九大报告辅导读本》,人民出版社 2017 年版,第 10—11 页。

主义固有的弊端越来越凸显。随着生产力的进一步发展，资本主义的基本矛盾再次尖锐化。1929 年，首先爆发于美国的资本主义经济危机再次出现，成为资本主义经济史上最持久、最深刻、最严重的世界性经济危机，现代化进程出现了倒退。随后，以汽车和电子计算机为代表的电子革命推动生产力从电气时代进入电子时代，并在全球化的作用下带动发展中国家生产力的快速发展。技术变革再次缓解资本主义制度的基本矛盾，并极大地提高了全球发展中国家的生产力。此后，全球现代化水平在以"原子能、电子计算机、空间技术和生物工程的发明和应用为主要标志"的第三次科技革命作用下迅速提高，尤其是社会主义中国快速崛起。

## 1.3　现代化演进的实践逻辑

党的十八大以来，以习近平总书记为核心的党中央在前人长期奋斗的基础上统筹推进"五位一体"总体布局、协调推进"四个全面"战略布局，推动党和国家事业取得历史性成就、发生历史性变革，推动中国特色社会主义现代化进入了新时代。党的十九届五中全会提出，全面建成小康社会、实现第一个百年奋斗目标之后，我们要乘势而上开启全面建设社会主义现代化国家新征程、向第二个百年奋斗目标进军，这标志着中国进入了一个新发展阶段。[①]站在"两个一百年"奋斗目标

---

① 习近平：《把握新发展阶段，贯彻新发展理念，构建新发展格局》，《求是》2021 年第 9 期。

的历史交汇期，踏上开启全面建设社会主义现代化国家新征程，习近平总书记指出，中国现代化是人口规模巨大的现代化，是全体人民共同富裕的现代化，是物质文明和精神文明相协调的现代化，是人与自然和谐共生的现代化，是走和平发展道路的现代化。①这既描绘了社会主义现代化的宏伟蓝图，又向全体人民发出了时代号召，是现代化实践的中国指向。党的二十大报告把中国式现代化的本质要求概括为："坚持中国共产党领导，坚持中国特色社会主义，实现高质量发展，发展全过程人民民主，丰富人民精神世界，实现全体人民共同富裕，促进人与自然和谐共生，推动构建人类命运共同体，创造人类文明新形态。"②

### 1.3.1　中国式现代化的实践历程

2021 年 7 月 1 日，习近平总书记在庆祝中国共产党成立 100 周年大会上指出："我们坚持和发展中国特色社会主义，推动物质文明、政治文明、精神文明、社会文明、生态文明协调发展，创造了中国式现代化新道路，创造了人类文明新形态。"③中国式现代化是在中国共产党的领导下不断推进、不断调试、不断演化的现代化，经历了从"全面建设小康社会"到"全面建成小康社会"再到"全面建成社会主义现代化强国"的目标演进历程，从"工业化"到"四个现代化"的探索期到"新四化"的历史推进期再到"五位一体"的飞跃期的内涵演进，从"两步走"

---

① 习近平：《把握新发展阶段，贯彻新发展理念，构建新发展格局》，《求是》2021 年第 9 期。
② 习近平：《高举中国特色社会主义伟大旗帜　为全面建设社会主义现代化国家而团结奋斗——在中国共产党第二十次全国代表大会上的报告》，2022 年 10 月 16 日。
③ 习近平：《在庆祝中国共产党成立 100 周年大会上的讲话》，《人民日报》2021 年 7 月 2 日。

到"三步走"再到"两步走"的战略演进，是人类现代化道路上的又一次成功实践。

1. 现代化探索期："工业化"到"四个现代化"的思想演进

自 1921 年建党以来，中国共产党勇担民族复兴的历史大任，带领中国人民一路披荆斩棘，不仅推翻了"三座大山"的压迫，使中国走上了独立自主发展的道路，而且带领全国人民改变贫困落后，走上了繁荣富强、安定团结、幸福安康的康庄大道，"创造了人类社会发展史上惊天动地的发展奇迹，使中华民族焕发出新的蓬勃生机"。新中国成立后，党在现代化理论方面的探索与中国经济的现代化建设密切相关，与不同历史阶段的社会主要矛盾密切相关。新中国成立之初，国家领导人认识到当时中国的基本矛盾仍是"生产关系和生产力之间的矛盾，上层建筑和经济基础之间的矛盾"，因此，新中国建设的目的就是解决"来自生产力和生产关系、经济基础和上层建筑的矛盾"。为此，中国主要学习苏联模式，强调发展重工业，以大机器生产奠定中国工业化和现代化国防的基础。

1954 年周恩来在一届全国人大一次会议上的政府工作报告正式提出，要把中国建设成有强大的现代化工业、现代化农业、现代化交通运输业和现代化国防的社会主义国家，并指出可以经过几个五年计划，把中国建设成一个强大的社会主义的现代化的工业国家。[①]1956年，"四个现代化"思想写进中共八大通过的党章。1964 年在三届全国人大一次会议上、1975 年在四届全国人大一次会议上，周恩来提出"四

---

① 《建国以来重要文献选编》第五册，中央文献出版社 1993 年版，第 584、589 页。

个现代化"目标和分步走的战略思路："我国国民经济的发展,可以按两步来设想:第一步,用十五年时间,即在 1980 年以前,建成一个独立的比较完整的工业体系和国民经济体系;第二步,在本世纪内,全面实现农业、工业、国防和科学技术的现代化,使我国国民经济走在世界的前列。"[①]这一时期,在遵循以工业化推动现代化的一般规律上,中国现代化实践高度重视重工业的发展。同时,在现代化的初期探索中,国家领导人逐渐深化了对现代化理论的认识,我们党对于"四个现代化"的推进更加全面和科学。

2. 现代化历史推进期:"新四化"思想演进

1978 年,中国开始了改革开放的伟大征程,中国特色社会主义现代化道路更加清晰明确。邓小平在党的十一届三中全会上提出"社会主义现代化建设"。十一届三中全会后,以邓小平为代表的改革开放总设计师们认识到社会主义的现代化,首先就是要"使生产力发展",要"解放生产力,发展生产力",并系统地阐释了中国社会主义初级阶段的基本国情、社会的主要矛盾、生产力发展水平、生产力与生产关系的矛盾等一系列理论问题。基于中国实际与时代特征,党的十三大报告明确提出了社会主义初级阶段就是要逐步摆脱贫困和落后,实现由农业国向现代化工业国的转变,"进而去实现别的许多国家在资本主义条件下实现的工业化和生产的商品化、社会化、现代化";并正式制定了现代化建设的"三步走"战略,提出"建设成为富强、民主、文明的社会主义现代化国家"。1997 年党的十五大提出"两个一百年"的奋斗

---

① 《周恩来选集》(下卷),人民出版社 1984 年版,第 479 页。

目标,第二个百年目标即"基本实现现代化"。此后,随着中国对改革开放、市场经济、社会化、信息化、绿色发展等问题探索的逐渐深入,中国关于现代化认知的框架也在不断地丰富与完善。基于新的发展实际,2007年党的十七大正式提出"建设富强民主文明和谐的社会主义现代化国家",进一步丰富了中国式现代化的内涵,并对"建设生态文明"进行了具体部署,中国式现代化部署逐渐突破工业领域向其他领域延伸。2012年,党的十八大提出要坚持走中国特色新型工业化、信息化、城镇化、农业现代化道路,促进工业化、信息化、城镇化、农业现代化同步发展,科技革命赋予中国式现代化新的内涵;并把"社会主义生态文明"正式纳入现代化建设中,即经济、政治、文化、社会、生态文明的现代化总体布局基本形成,标志着中国特色社会主义现代化理论体系的完善,是中国式现代化建设的理论创新。

### 3. 全面建设社会主义现代化国家的思想演进

党的十八大以后,以习近平总书记为核心的党中央进一步拓展了现代化建设的内涵,现代化建设从传统的生产力水平提升延拓到生产力高质量发展、人的全面发展及国家自立自强能力(董志勇、沈博,2021)。党的十八大报告系统地阐述了现代化建设中关于经济、政治、文化、社会和生态文明建设的现代化建设"五位一体"的整体框架布局,中国式现代化总体布局由"四位一体"发展为"五位一体",标志着中国共产党对社会主义现代化建设的理论与实践认识达到了全新的高度。党中央提出了"新型工业化、信息化、城镇化、农业现代化"的新"四化"建设目标,并将"全体人民共同富裕""物质文明和精神文明相协调""人与自然和谐共生"及"走和平发展道路"等内容融入现代化建设当中，"国家治理体系和治理能力现代化""人与自然和谐共生的现代化"等表明现代化的内涵全方位拓展。这标志着中国从以前移植西方现代化模式和理论的阶段转向探索新时代中国特色现代化模式的新阶段。

习近平总书记指出："我国现代化是人口规模巨大的现代化，是全体人民共同富裕的现代化，是物质文明和精神文明相协调的现代化，是人与自然和谐共生的现代化，是走和平发展道路的现代化。"[1]这是对中国式现代化的特征与实践目标的科学凝练。2017 年，党的十九大在历代领导人推进现代化建设的理论基础上，对新阶段中国社会主义现代化目标进行了新的战略安排：2035 年基本实现社会主义现代化，本世纪中叶建成富强民主文明和谐美丽的社会主义现代化强国。[2]这意味着中国式社会主义现代化的"人"的价值取向日渐清晰，适应新时代发展要求的理论体系更加成熟。这意味着进入 21 世纪，中国式现代化具备了一种人类文明新形态应有的历史厚度、现实依据、科学内涵和价值意蕴（王宇航，2021）。

## 1.3.2　中国式现代化的实践意义

中国式现代化的成功实践是人类现代化历史上的第二个里程碑，标志着现代化演变道路的多样性，既体现了现代化理论规律的一般性，又表现出现代化道路实践的特殊性。来自中国革命和经济建设的

---

① 习近平：《把握新发展阶段，贯彻新发展理念，构建新发展格局》，《求是》2021 年第 9 期。
② 习近平：《决胜全面建成小康社会　夺取新时代中国特色社会主义伟大胜利——在中国共产党第十九次全国代表大会上的报告》，2017 年 10 月 18 日。

实践是"党领导人民成功走出中国式现代化道路,创造了人类文明新形态,拓展了发展中国家走向现代化的途径,给世界上那些既希望加快发展又希望保持自身独立性的国家和民族提供了全新选择"。①实践产生了中国现代化建设的新思想新理论,并通过新思想新理论对实践进行指导。中国式现代化建设的实践逻辑主要体现在以下几个方面:

1. 中国式现代化是遵循客观规律的现代化

中国式现代化是遵循人类现代化客观规律的、体现时代特色的、在实践中不断发展演进的现代化,是现代化一般规律的表现。新中国成立之初,我们党深刻认识到,从新民主主义社会进入社会主义社会需要经历一个过渡阶段,由此形成了党在过渡时期的总路线,胜利完成了社会主义革命任务,进入了社会主义建设阶段。改革开放以后,我们党深刻总结世界社会主义特别是中国社会主义建设正反两方面经验,作出中国正处于并将长期处于社会主义初级阶段的重大判断,并据此提出了党的基本路线,开辟了改革开放和社会主义现代化建设的崭新局面。中国式现代化不是一蹴而就的,始终坚持把发展作为党执政兴国的第一要务,在前期探索高度重视工业化这一传统现代化的主导力量,借鉴西方模式和苏联模式的成功经验,以经济建设为中心积极解放生产力、发展生产力。改革开放以来,中国工业化取得巨大成就,建成了全球最为完整的工业体系,中国成为世界第一大工业国,为中国现代化多个层面的建设打下坚实的物质基础。在探索中,以时代需求为主导,以人民为中心,始终坚持劳动人民的主体地位,坚持无

① 党的十九届六中全会审议通过的《中共中央关于党的百年奋斗重大成就和历史经验的决议》。

产阶级政党的领导,在不同历史阶段制定不同的发展战略、目标与方向:从详尽规划了现代化发展路径和具体目标的十三大"三步走"战略,到十五大"新三步走"战略目标,再到完整勾画了中国社会主义现代化建设的时间表、路线图的十九大"两步走"战略安排,在前人长期奋斗的基础上遵循生产力的发展规律,在实践中不断积累。在改革开放以来的不懈努力下,中国取得了举世瞩目的发展成就,从生产力到生产关系、从经济基础到上层建筑都发生了意义深远的重大变化。①在不断探索中,中国式现代化不断总结问题,不断更新理念,不断调整战略,不断取得成功,推动中国特色社会主义现代化进入了新时代。

### 2. 中国式现代化是超越资本主义的现代化

中国式现代化是以马克思理论为指导的、不同于苏联模式的、超越资本主义的社会主义现代化,是现代化道路特殊性的体现。

纵观中国现代化的过程,马克思主义是中国式现代化道路的理论指引和最直接最重要的理论渊源(董志勇、沈博,2021)。马克思、恩格斯等革命导师虽然没有明确讨论现代化的问题,但是对推动现代化发展过程中生产力和生产关系之间的逻辑关系给予了高度重视,认识到生产力快速发展是经济现代化的本质,生产力发展带来的工业化"创造了交通工具和现代的世界市场,控制了商业","使竞争普遍化","把所有的资本都变为工业资本,从而使流通加速、资本集中",进而"消灭了各国以往自然形成的闭关自守的状态",形成"现代的大工业城市……来替代自然形成的城市"和世界市场。在这些论述中,马克思

---

① 胡锦涛:《高举中国特色社会主义伟大旗帜 为夺取全国建设小康社会新胜利而奋斗——在中国共产党第十七次全国代表大会上的报告》,2007 年 10 月 15 日。

已经意识到现代化的重要特征是工业化、城市化和全球化,而推进现代化的有效途径就是先进科学技术的使用、生产力的快速发展、人的素质的提高和新的社会化分工协作方式的变化等。他还提到一个民族"只有当它作为一个独立的民族重新掌握自己的命运的时候,它的内部发展过程才会重新开始"现代化的进程,这意味着现代化国家的前提是"独立自主的现代民族国家"(董志勇、沈博,2021)。马克思对现代化的这些观点和阐释虽然还"缺乏系统讨论",也尚未涉及如何"开展社会主义经济现代化建设的问题"和如何"缓解自然与社会间的矛盾、实现可持续发展等问题",但"强调民族国家的自主独立性、注重物质生产与人的全面发展的有机统一、运用唯物史观分析问题、坚持科学原则与价值原则相统一等主张都是百年中国共产党认识经济现代化的重要思想武器"(董志勇、沈博,2021),这些阐释对"世界现代化的认识具有启发性意义"(张占斌,2021)。

资本主义现代化有其内在的固有缺陷和局限,而马克思说过,"能够不通过资本主义制度的卡夫丁峡谷,而占有资本主义制度所创造的一切积极的成果"。①新中国的建立通过跨越资本主义制度建立起社会主义制度,改革开放在全球化的大背景下积极利用西方资本主义先进的生产力,吸收借鉴其现代化经验积极进步的一面,坚持发展这第一要务,坚持解放生产力、发展生产力,建立起开启现代化进程的生产力基础。中国的现代化在资本主义创造的生产力不可跨越的背景下,通过选择吸收利用西方所创造的一切积极文明成果,而不是进行资本主

---

① 《马克思恩格斯全集》(第十九卷),人民出版社 1963 年版,第 451 页。

义的原始资本积累，坚持以中国的基本国情为出发点，跨越资本主义的生产关系，建立起社会主义的生产关系，实现跨越式发展，并取得了现代化的伟大成就，是现代化发展规律的普遍性与各民族具体发展道路的特殊性的辩证统一。

"世界历史发展的一般规律，不仅丝毫不排斥个别发展阶段在发展的形式或顺序上表现出特殊性，反而是以此为前提的。"①现代化发展有其固有的规律性，是一个由低级向高级、由落后向先进不断递进演变的过程。但是在其具体的发展模式选择上，由于各个国家的民族文化、经济水平、资源禀赋等存在不同，在具体的道路实践上必然会表现出各自不同的特点，这是每个国家在现代化实践过程中表现出来的特殊性。正是对现代化道路进行选择，而不是照搬西方资本主义模式，中国式现代化超越了西方现代化以资本为逻辑的、以少数资产阶级利益为指向的发展模式，成功跨越了马克思所说的资本主义"卡夫丁峡谷"，是历经革命、建设和改革的长期探索的历史抉择与时代选择。并且，在早期模仿苏联社会主义现代化模式后深刻认识到其所固有的局限及不可持续性，在现代化实践中有效地避免了苏联模式的严重弊端。中国式现代化的实践历程中关于社会主义现代化思想的演进既丰富与完善了人类现代化内涵，又对马克思关于社会主义的理论进行了成功应用。

3. 中国式现代化是体现中国特色的现代化

中国的现代化之路是"坚持走自己的路"的现代化之路，这是"党

---

① 《列宁专题文集·论社会主义》，人民出版社 2009 年版，第 357 页。

的全部理论和实践立足点，更是党百年奋斗得出的历史结论"。①从中国历史发展进程中走出来的中国式现代化既以现代化一般规律为依托，又立足中国发展实际，切实解决了新中国成立以来面对的各种问题与困难，实现了内忧外患下从落后追赶到崛起引领，实现了十几亿人民从贫穷到小康的历史转变，是人类历史上人口规模巨大的现代化。1982 年，邓小平在中共十二大上指出："我们的现代化建设，必须从中国的实际出发"，"照抄照搬别国经验、别国模式，从来不能得到成功"。②习近平总书记指出，现代化的本质是人的现代化。③中国的现代化同西方发达国家有很大不同。西方发达国家是一个"串联式"的发展过程，工业化、城镇化、农业现代化、信息化顺序发展，发展到目前水平用了 200 多年时间。我们要后来居上，把"失去的 200 年"找回来，这决定了中国发展必然是一个"并联式"的过程，工业化、信息化、城镇化、农业现代化是叠加发展的。④因此，在这一实践过程中，时刻彰显出独立自主和中国特色的鲜明特征。

　　一是坚定不移地坚持党领导下的中国特色社会主义现代化建设。回顾中国共产党百年发展历程和中国改革开放的 40 多年建设历程，中国的现代化建设成功的一个重要法宝就是坚持党的全面领导。毛泽东明确提出"工、农、商、学、兵、政、党这七个方面，党是领导一切的"原则。⑤邓小平一再强调"制度问题更带有根本性、全局性、稳定性和长

---

① 习近平：《在庆祝中国共产党成立 100 周年大会上的讲话》，《求是》2021 年第 14 期。
② 《邓小平文选》（第三卷），人民出版社 1993 年版，第 2 页。
③ 《十八大以来重要文献选编》（上），中央文献出版社 2014 年版，第 594—595 页。
④ 习近平：《在十八届中央政治局第九次集体学习时的讲话》，2013 年 9 月 30 日。
⑤ 《求是》杂志编辑部：《党和国家事业不断发展的"定海神针"》，《求是》2021 年第 17 期。

期性"，它"关系到党和国家是否改变颜色，必须引起全党的高度重视"，他明确提出"只有社会主义才能救中国"，要"永远保持社会主义制度，我们正在用这样的信念教育我们的后代"。①江泽民也强调，"努力开创建设有中国特色社会主义事业新局面，必须毫不动摇地坚持和改善党的领导，全面推进党的建设新的伟大工程"。②胡锦涛一再指出"党的建设最根本的是思想政治建设"，要在"思想上理论上形成坚强凝聚力和战斗力"。③进入中国特色社会主义新时代后，习近平总书记一再强调"中国特色社会主义最本质的特征是中国共产党领导"，因此"党政军民学，东西南北中，党是领导一切的"。④

二是立足中国国情，坚持中国特色。人类发展的实践表明，现代化建设的道路没有完全一致的标准模式，需要根据各国自身的实际情况，走自主创新独立发展之路。邓小平在1982年9月中共十二大上首次提出了"建设有中国特色的社会主义"的发展理念，强调"必须从中国的实际出发"，要"注意学习和借鉴外国经验"，不能"照抄照搬别国经验、别国模式"。⑤江泽民也一再强调中国现代化建设的自身特点，"既不是苏联模式，也不是东欧模式，而是有中国特色的社会主义。走这条道路，是中国人民经过一百多年的奋斗与探索作出的历史性的抉择"。⑥胡锦涛在2011年庆祝中国共产党成立90周年大会上，把开辟"中国特色社会主义道路"、形成"中国特色社会主义理论体系"和确

①⑤　《邓小平年谱(1975—1997)》(下)，中央文献出版社2004年版。
②　《江泽民文选》(第一卷)，人民出版社2006年版。
③　《胡锦涛文选》(第一卷)，中央文献出版社2022年版。
④　党的十九届六中全会审议通过的《中共中央关于党的百年奋斗重大成就和历史经验的决议》。
⑥　《江泽民思想年编》，中央文献出版社2010年版。

立"中国特色社会主义制度"概括为中国共产党 90 年奋斗、创造、积累的根本成就。习近平总书记一直强调"中国特色的社会主义道路",强调"中国特色社会主义,既坚持了科学社会主义基本原则,又根据时代条件赋予其鲜明的中国特色",为此,他提出"马克思主义必定随着时代、实践和科学的发展而不断发展,不可能一成不变,社会主义从来都是在开拓中前进的"。[①]

改革开放以来,中国的社会主义现代化之路立足社会主要矛盾,从"人民日益增长的物质文化需要同落后的社会生产之间的矛盾"到新时代"人民日益增长的美好生活需要和不平衡不充分的发展之间的矛盾",完成了多个领域的"从无到有",中国从落后挨打的发展中国家崛起为世界第二大的新兴发展中国家,全体人民共享了现代化的成果。从经济实力看,中国的现代化之路实现了从"一穷二白"到世界第二大经济体。2020 年,中国 GDP 达 101.36 万亿元,中国是全球唯一实现经济正增长的主要经济体,稳居世界中等收入国家行列。从人类发展指数看,中国从 1990 年的 0.501 跃升到 2019 年的 0.761[②],成功从"低人类发展水平"进入"高人类发展水平"国家之列。从脱贫攻坚看,中国脱贫攻坚战取得了全面胜利:按照现行贫困标准计算,中国 7.7 亿农村贫困人口摆脱贫困;按照世界银行国际贫困标准,中国减贫人口占同期全球减贫人口的 70％ 以上。我们创造了减贫治理的中国样本,为全球减贫事业作出了重大贡献。[③]中国式现代化道路带领中国

---

① 习近平:《关于坚持和发展中国特色社会主义的几个问题》,《求是》2019 年第 7 期。
② 联合国开发计划署《2020 年人类发展报告》。
③ 习近平:《在全国脱贫攻坚总结表彰大会上的讲话》,2021 年 2 月 25 日。

人民从站起来到富起来到强起来，是一条能够解决人类发展诸多问题的道路。

4. 中国式现代化是开创了人类文明新形态的现代化

中国式现代化始终坚持以人民为中心，尊重人民群众的主体地位。从毛泽东的"为人民服务"到邓小平的"三个有利于"，再到江泽民的"三个代表"和胡锦涛的"科学发展"，都反映了我们党以人民利益为中心，顺应人民群众对美好生活的向往为根本价值取向的现代化建设思想。党的十八大以来，这种价值取向更加明显，习近平总书记多次强调，"人民对美好生活的向往，就是我们的奋斗目标"，"为人民谋幸福、为民族谋复兴，这既是我们党领导现代化建设的出发点和落脚点，也是新发展理念的'根'和'魂'。只有坚持以人民为中心的发展思想，坚持发展为了人民、发展依靠人民、发展成果由人民共享，才会有正确的发展观、现代化观"。[①]这也是中国式现代化新道路能够获得人民认同和追随，得到群众衷心拥护的根本所在。

联合国开发计划署《2020年人类发展报告》指出人类发展的下一个前沿是人与自然和谐共处，中国式现代化道路就是一条以人与自然和谐共处为原则的现代化道路，表明中国式现代化道路的先进性与前沿性。实践已经证明，推动一个国家实现现代化，并不只有西方制度模式这一条道，各国完全可以走出自己的道路来。[②]中国式现代化既开辟了人类发展史上的社会主义道路，揭示了人类发展的最终指向是共

---

① 汪晓东、李翔、马原：《江山就是人民　人民就是江山——习近平总书记关于以人民为中心重要论述综述》，《人民日报》2021年6月28日。
② 《习近平谈治国理政》，外文出版社2014年版。

产主义；又开辟了世界现代化的后发路径，彰显了以人为本的现代化本质终将成功。中国式现代化的成功实践拓展了后发型国家走向现代化的模式，本身诠释了人类发展的文明新形态，这是以实现每个人的自由而全面发展、实现人与自然和谐相处为目标的全面的现代化，丰富了世界文明的多样性，具有世界意义和普遍价值。中国式现代化不仅顺应时代的要求，解决时代发展的问题，而且推动了时代的大发展，为世界文明丰富精神谱系、探索发展道路、描绘共同愿景，这不仅是对中华文明的传承和赓续，更是对近现代工业文明的超越和创新（王宇航，2021）。

## 1.4 社会主义现代化建设引领区的中国逻辑

人类现代化的 200 多年历程表明了在遵循生产力与生产关系的客观规律上的现代化的可行性、先进性与道路多样性。中国社会主义现代化的探索经验深刻表明，现代化的建设必须从国家的实际情况出发，准确把握时代的阶段性演变，通过实践认识再实践的过程，将过去现代化进程中出现的问题和困境用新时代新思想去重新审视，促使现代化的推进既立足解决当下的社会主要矛盾，又放眼人类现代化的长远目标，引领现代化的未来演进。2017 年 10 月 18 日，习近平总书记在党的十九大报告中指出"中国特色社会主义进入了新时代"。[①]这一

---

① 习近平：《决胜全面建成小康社会　夺取新时代中国特色社会主义伟大胜利——在中国共产党第十九次全国代表大会上的报告》，2017 年 10 月 18 日。

关于中国发展历史方位的重大判断标志着中国现代化建设的推进也进入了新时代。党的十九届五中全会提出,全面建成小康社会、实现第一个百年奋斗目标之后,我们要乘势而上开启全面建设社会主义现代化国家新征程、向第二个百年奋斗目标进军。党的二十大报告明确指出,"从现在起,中国共产党的中心任务就是团结带领全国各族人民全面建成社会主义现代化强国、实现第二个百年奋斗目标,以中国式现代化全面推进中华民族伟大复兴"。①这标志着中国进入了一个新发展阶段。

习近平总书记指出,就现实依据来讲,我们已经拥有开启新征程、实现新的更高目标的雄厚物质基础。新中国成立以来,特别是经过改革开放 40 多年的不懈奋斗,到"十四五"规划开局的 2021 年末,中国经济实力、科技实力、综合国力和人民生活水平跃上了新的大台阶,中国成为世界第二大经济体、第一大工业国、第一大货物贸易国、第一大外汇储备国,GDP 达到 114.92 万亿元,人均 GDP 超过 12 551 万美元(按年均汇率计算),城镇化率达到 64.7%,中等收入群体超过 4 亿人。特别是全面建成小康社会取得伟大历史成果,解决困扰中华民族几千年的绝对贫困问题取得历史性成就。这在中国社会主义现代化建设进程中具有里程碑意义,为中国进入新发展阶段、朝着第二个百年奋斗目标进军奠定了坚实基础。②

把握新发展阶段,贯彻新发展理念,构建新发展格局,开启全面建

① 习近平:《高举中国特色社会主义伟大旗帜 为全面建设社会主义现代化国家而团结奋斗——在中国共产党第二十次全国代表大会上的报告》,2022 年 10 月 16 日。
② 习近平:《把握新发展阶段,贯彻新发展理念,构建新发展格局》,《求是》2021 年第 9 期。

设社会主义现代化国家新征程。上海市浦东新区自 1990 年 4 月 18 日正式开发开放建设以来,就成为中国改革开放和现代化建设未来历史征程的重要缩影,既是中国高水平改革开放理论创新的具体实践,也是中国社会主义现代化实践创新的浓缩,是中国现代化建设逻辑的集中体现。浦东新区打造社会主义现代化建设引领区,就是立足新时代新特征新基础,以习近平新时代中国特色社会主义思想为理论指引,为迈向全面现代化的新征程探索实践,为中国现代化建设提供新范例,为世界现代化推进提供中国样本,谋求现代化持续发展。

### 1.4.1　社会主义现代化建设引领区的新时代新起点

21 世纪是信息大爆炸的时代,在一个高度信息化的社会,人类走向了深度全球化、数字化与智能化,信息文明的浪潮席卷全球,给这个时代带来了不一样的特征。在以信息技术为载体的知识经济时代,科技革命和产业变革蓄势待发,重塑现代化生产生活方式。一方面,全球创新进入空前密集活跃期,人工智能、互联网＋、区块链、大数据、云计算等构成的最新一代信息科技,正在极其深刻地影响着、改变着现代化的各个领域,促进了生产力的变革性进步。另一方面,科技革命也重塑着全球竞争格局,有学者指出第四次科技革命与产业变革大循环正在发生,将重塑全球竞争力的消长。进入 21 世纪的第三个十年,世界经济形势出现重大转变:新冠肺炎疫情造成全球经济重大衰退,伴随着经济的艰难复苏,全球化收缩趋势加快,各国重振国内经济造成内向化趋势越来越长期化。西方发达国家深陷疫情,经济重启困难重重,大变局下的大国竞争逐步走向失序和对抗,全球紧张态势加剧。

同时，今天的人类面临更加复杂严峻的全球性问题，全球性问题呼唤构建人类命运共同体。当前，百年未有之大变局正在加速演进，现代社会在内部矛盾的推动下不断向前发展，时代的发展与变化要求变革生产力、转变经济发展方式，推动现代化发展的全面性、协调性、可持续性。

党的十八大以来，中国现代化开启了全面建设社会主义现代化国家的新阶段，中国特色社会主义现代化进入了新时代。这个新时代，是承前启后、继往开来、在新的历史条件下继续夺取中国特色社会主义伟大胜利的时代，是决胜全面建成小康社会、进而全面建设社会主义现代化强国的时代，是全国各族人民团结奋斗、不断创造美好生活、逐步实现全体人民共同富裕的时代，是全体中华儿女勠力同心、奋力实现中华民族伟大复兴中国梦的时代，是中国日益走近世界舞台中央、不断为人类作出更大贡献的时代。[①]这个新时代既是人类的新时代，也是社会主义的新时代，是现代化发展的新起点。

### 1.4.2 以习近平新时代中国特色社会主义思想为指导建设社会主义现代化建设引领区

立足新时代，根据中国特色社会主义现代化实践的新发展，党的十九大确立了习近平新时代中国特色社会主义思想的指导地位，实现了思想上的与时俱进。以习近平新时代中国特色社会主义思想为核心的社会主义现代化的系列重要论述，以马克思主义理论为思想本

---

① 习近平：《决胜全面建成小康社会 夺取新时代中国特色社会主义伟大胜利——在中国共产党第十九次全国代表大会上的报告》，2017年10月18日。

源,以现代化发展客观规律为理论内核,立足中国基本国情和经济社会发展现状,在继承历代中国共产党人的现代化观和社会主义本质论的基础上,生成了创新性社会主义现代化理论,开辟了马克思主义中国化新境界,是迈向下一个发展阶段的统领思想,为中国式现代化赋予了新的内涵。新发展阶段明确了中国现代化发展的历史方位,系列思想深刻阐述了中国现代化建设的阶段性特征,指明了中国现代化所处的时代坐标。创新、协调、绿色、开放、共享的新发展理念明确了全面建设社会主义现代化强国的指导原则。新发展理念集中回答了关于发展的目的、动力、方式、路径等一系列理论和实践问题,阐明了我们党关于发展的政治立场、价值导向、发展模式、发展道路等重大政治问题,是来自新时代中国发展实践的总结,又引领着新时代中国发展实践的深化;不仅推动了新时代中国发展的深刻变革,也必将重构新时代中国社会的发展逻辑(林建华,2021)。构建以国内大循环为主体、国内国际双循环相互促进的新发展格局为现代化的经济建设指明了具体路径,是基于新发展阶段、新时代要求、新环境变化等,特别是基于百年未有之大变局的机遇与挑战,精准把握世界发展大势审时度势作出的重大论断。人类命运共同体思想为现代化赋予了更具普遍价值的深厚内涵,是站在致力于实现全人类共享的现代化的高度思考未来的思想理念。习近平新时代中国特色社会主义思想的现代化论述既是中国式现代化发展的内在实践要求,又是人类现代化发展内涵的科学概括。

### 1.4.3　社会主义现代化建设引领区的新实践

新时代新思想对中国的现代化提出了新的更高要求。一方面,中国整体处于工业化中后期,但是区域发展不平衡问题突出,现代化建设的基础工业化还远没有结束。同时,社会主要矛盾的转变要求一部分地区走在前列,肩负起探索现代化建设的使命。另一方面,人类现代化面临全球性与民族性、资本主义与社会主义、发达国家与新兴国家之间的矛盾与冲突,时代呼唤中国作为世界第二大经济体的责任与使命担当。打造社会主义现代化建设引领区就是立足当下放眼未来,为世界现代化提供先进的具有普遍价值的现代化路径。

《中国现代化报告 2020:世界现代化的度量衡》显示:世界现代化国家全部为西方发达国家,中国现代化水平处于初等发达国家行列,与发达国家的差距仍然较大;在中国部分发达省区市开始第二次现代化的同时,地区现代化的不平衡性非常突出,呈"东部高、中西部低"的区域差异,中国的现代化建设还有很长的路要走。现代化演变的时代逻辑要求我们立足中国特色社会主义新时代,现代化演变的理论逻辑要求我们以习近平新时代中国特色社会主义思想为科学指导,现代化演变的实践逻辑要求继续探索全面现代化的创新路径。

由于中国是不发达的、发展不平衡的现代化国家,一方面,根据钱纳里工业化阶段理论,按照人均 GDP 来看,2020 年浦东的工业化水平已经达到后工业化阶段的发达经济的高级阶段,即最发达的第六阶段,实现了经济水平上的现代化,具备实现全面现代化的物质基础与前提条件。另一方面,以全国人均 GDP 水平衡量,中国整体处于工业化阶段的后期,中西部落后地区仍处于工业化的初级或中级阶段,远未完成工业化任务。因此,浦东社会主义现代化建设引领区的核心任务仍然是发展现代化的生产力,引领制度型开放和突破性改革,浦东作为思想解放的引领者、自主创新的新高地、改革开放的开路先锋、高质量发展的新标杆、双循环的战略节点、城市治理的示范样板，探索中国式现代化新道路"无人区"，引领后发区域的现代化实践，为全国迈向现代化提供经验，成为全面建设社会主义现代化国家的窗口；到 2035 年，现代化经济体系全面构建，现代化城区全面建成，现代化治理全面实现，城市发展能级和国际竞争力跃居世界前列；到 2050 年，建设成为在全球具有强大吸引力、创造力、竞争力、影响力的城市重要承载区，城市治理能力和治理成效的全球典范，社会主义现代化强国的璀璨明珠。从方向维度看，引领区定位指向的是社会主义现代化，也即浦东"绝不能仅就上海、就浦东一地而论"，必须牢牢坚持社会主义方向不动摇，紧扣国家现代化目标。从这个意义上讲，浦东不能简单照搬其他国际大都市或者先行区域的经验做法，而要在目标和问题导向下，聚焦新发展格局、高质量发展和国内国际双循环等事关国家发展全局的关键议题。从内容维度看，作为地方区域，浦东在社会主义现代化建设中的作用并非无所不包、全面涵盖，而是更多体现在高水平改革开放方面，关键核心则在于"功能"。功能不是指一般的发展功能，而是真正体现中心节点和战略链接地位的国家级、全球性重大功能，突出体现在全球资源配置、科技创新策源、高端产业引领和开放枢纽门户等四大功能上。围绕功能配置的载体平台往往也具有稀缺甚至唯一的突出特点。从空间维度看，引领区建设任务并非仅靠浦东一区独自承担，而必须依靠上海、依托长三角乃至更大区域合力推进，包括但不限于涵盖浦西、五大新城、长三角和长江流域等，这也是中央开发开放浦东的初衷延续，要求浦东在形式和视野上以城市群和大都市圈为引领区建设单元,并带动相应区域率先实现高质量发展。

对今天的中国而言,进入中国特色社会主义新时代意味着中国式社会主义现代化探索进入了新阶段,步入了更高的层面,也同样意味着我们将面临新的问题与新的挑战,需要在新思想的武装下继续创新探索路径,并通过新的实践促进现代化思想的演进。

# 第 2 章　浦东社会主义现代化建设引领区的战略定位与内涵

《中共中央国务院关于支持浦东新区高水平改革开放打造社会主义现代化建设引领区的意见》将浦东定位为"社会主义现代化建设引领区",这意味着国家对上海提出了更高要求,也为浦东未来发展指明了前进方向,擘画了新的宏伟蓝图,吹响了新的冲锋号角,对浦东的改革开放和未来发展提出了更高要求。因此,我们需要从高水平开放、高层次改革、高质量发展的视角出发,深刻领会中央对"引领区"的战略定位和深刻内涵。

## 2.1　浦东社会主义现代化建设引领区的总体战略定位与内涵

开发开放建设 30 多年来,浦东从"一片农田"华丽转身为一座现代化新城,始终走在全国改革开放的前列,这里诞生了国内第一个金融贸易区、第一个保税区、第一个自由贸易试验区、第一家外商独资贸易公司等一系列"全国第一",这里是中国改革开放和社会主义现代化建设的前沿,"读懂浦东,也就读懂了中国改革开放"。①截至 2021 年,浦东已实现地区生产总值 15 353 亿元,以全国万分之一点三的面积贡献了全国百分之一点三的 GDP,对上海经济增长的贡献更是超过 40%,是上海经济发展的重要稳定器、压舱石和动力源。这是浦东建设社会主义现代化引领区的基础,也是中央对浦东提出的更高要求。

引领区《意见》中明确提出了要"支持浦东新区高水平改革开放、打造社会主义现代化建设引领区,引领带动上海'五个中心'建设,更好服务全国大局和带动长三角一体化发展战略实施"。为此,中央将浦东引领区的定位明确为"推动浦东高水平改革开放,为更好利用国内国际两个市场两种资源提供重要通道,构建国内大循环的中心节点和国内国际双循环的战略链接,在长三角一体化发展中更好发挥龙头辐射作用,打造全面建设社会主义现代化国家窗口"。这标志着浦东在改革开放 30 多年的进程中,已经由现代化建设的追赶者迈向现代化的"领头羊",也意味着中央要求浦东在新的发展阶段上,在更高水平现代化建设新征程中,肩负起更加重要的历史使命。

### 2.1.1 在对标对象上强调最高标准和最好水平

在引领区《意见》中,明确提出浦东要"勇于挑最重的担子、啃最硬的骨头",明确浦东要"成为更高水平改革开放的开路先锋、全面建设社会主义现代化国家的排头兵、彰显'四个自信'的实践范例",进而"更好向世界展示中国理念、中国精神、中国道路"。习近平总书记在

① 葛俊俊:《浦东:打造引领区,再谱新传奇》,人民网,2021 年 8 月 9 日,http://sh.people.com.cn/n2/2021/0809/c134768-34859145.html。

上海视察时，多次提出上海要"当好全国改革开放排头兵、创新发展先行者"，要"瞄准最高标准、最高水平，优化政务服务，打造国际一流营商环境"。①因此，进入新时代后，上海更加需要担起新的使命，实现新的作为，"必须对标国际最高标准、最好水平，坚定追求卓越的发展取向，着力构筑上海发展的战略优势，深入谋划好聚焦发力的重点"。②因此，浦东引领区建设的定位，就是要立足高远，通过发挥自身的比较优势、竞争优势和战略优势，积极成为全球顶尖标杆，要能够彰显卓越全球城市的吸引力、创造力、竞争力，要突出首创性和引领性改革成果，进而为全国提供经验借鉴，为建设社会主义现代化强国谋篇布局。③

### 2.1.2　在立足点上强调国家战略和全球引领

早在 2020 年 11 月，习近平总书记在浦东开发开放 30 周年庆祝大会上，就明确要求浦东在新的征程上把"新的历史方位和使命，放在中华民族伟大复兴战略全局、世界百年未有之大变局这两个大局中加以谋划，放在构建以国内大循环为主体、国内国际双循环相互促进的新发展格局中予以考量和谋划，准确识变、科学应变、主动求变，在危机中育先机、于变局中开新局"。④因此，浦东引领区的定位需要从国家

---

①　《上海：对标全球最高　开放之风劲吹（新时代新气象新作为）》，人民网，2017 年 12 月 4 日，http://world.people.com.cn/n1/2017/1204/c1002-29683889.html。

②　《李强：对标国际最高标准、最好水平，坚定追求卓越的发展取向，为构筑战略优势凝聚智慧力量》，中国共产党新闻网，2017 年 12 月 24 日，http://cpc.people.com.cn/n1/2017/1224/c64094-29725552.html。

③　安蓓、何欣荣、申铖、谢希瑶：《赋予浦东新区改革开放新的重大任务——聚焦社会主义现代化建设引领区》，中国政府网，2021 年 7 月 17 日，http://www.gov.cn/zhengce/2021-07/17/content_5625622.htm。

④　《浦东开发开放 30 周年庆祝大会隆重举行　习近平发表重要讲话》，中国政府网，2020 年 11 月 20 日，http://www.gov.cn/xinwen/2020-11/12/content_5560869.htm。

战略的高度来加以认识，要"跳出浦东看浦东"，把引领区的建设与中国全面建设社会主义现代化国家和实现第二个百年奋斗目标的战略谋划结合起来理解，要从加快构建中国"对内对外循环"的新发展格局的重要战略部署视角出发来加以推动，并在此基础上，"赋予改革精神与创新气质新的时代内涵和意义，为全面建成社会主义现代化强国勇担重担"。①

### 2.1.3　在制度建设上强调整体效应和系统集成

习近平总书记在浦东开发开放 30 周年庆祝大会上，明确提出浦东要"推动各方面制度更加成熟更加定型"，为此，浦东要"加强重大制度创新充分联动和衔接配套，放大改革综合效应，打造市场化、法治化、国际化的一流营商环境"，要"着力推动规则、规制、管理、标准等制度型开放，提供高水平制度供给、高质量产品供给、高效率资金供给"。浦东既是自贸试验区、科创板和服务长三角一体化发展国家战略的直接承担者，也是上海"全球资源配置、科技创新策源、高端产业引领和开放枢纽门户"四大功能的主要承载者。同时，浦东引领区的建设过程也是一个系统集成的过程，围绕现代化经济、文化和城市体系建设，浦东需要在创新体系、产业体系、要素体系、流通体系、城市治理体系和国际文化大都市建设等方面，加强制度集成。②这就要求浦东在制度创新上进行超前的探索，并由此形成巨大的影响力和辐射力，"这不是

---

① 《开拓进取，勇担使命》，《光明日报》2021 年 7 月 17 日。
② 王振：《选择浦东是必然，将更好地辐射带动长三角一体化发展》，澎湃新闻，2021 年 7 月 20 日，https://www.thepaper.cn/newsDetail_forward_13607640。

在某一个方面的探索,而是综合的全方位的示范,在全国起到引领作用,进而拉动整个中国经济现代化建设的步伐",浦东将"更加注重从事物发展的全过程、产业发展的全链条、企业发展的全生命周期出发来谋划设计改革",围绕"四个重大"(重大改革开放任务、重大支持政策、重大功能平台和重大工程项目)的建设谋划设计各类改革举措,开展综合改革试点,以不断增强改革的系统性、整体性和协同性,进而形成和放大浦东改革开放的综合效应。①

## 2.1.4　在增长动力和动能上强调功能建设

早在 2010 年,习近平总书记在浦东调研时就提出:"浦东发展的意义就在于发挥窗口作用、示范意义,在于敢闯敢试、先行先试,在于排头兵的作用。"习近平总书记在浦东开发开放 30 周年庆祝大会上明确提出,浦东要"增强创新这个第一动力"和"激活高质量发展新动力",要"更好服务和引领实体经济发展"。浦东的这种引领在中国改革开放前 40 年取得了举世瞩目的成就,下一个 40 年将面临艰巨的国内外新的挑战,改革开放进入深水区,已经到了担子更重、需要"啃硬骨头"的新阶段,浦东需要继续发扬敢闯敢干的精神,瞄准首创性改革和引领性的开放举措,积极开展开拓性创新,"育先机、开新局,在改革开放新的攻坚阶段再次闯出一条新路"(徐建,2021)。要聚焦浦东比较优势的发挥,"通过产业能级、项目投资、功能优势、土地效益、服务效能'五大倍增行动',助推区域经济总量以及人均可支配收入再次大

---

① 葛俊俊:《浦东:打造引领区,再谱新传奇》,人民网,2021 年 8 月 9 日,http://sh.people.com.cn/n2/2021/0809/c134768-34859145.html。

跨步踏上新台阶,助推现代化经济体系全面构建"(徐建,2021)。

### 2.1.5　以人民为中心的引领评价标准

鉴于引领区的定位,浦东未来改革开放的评价标准需要站得高、看得远,需要对标最高标准、最好水平的现代化,即浦东"绝不能仅就上海、就浦东一地而论",而是要紧紧围绕中国社会主义方向和中国现代化的总体战略目标,聚焦"新发展格局、高质量发展和国内国际双循环等事关国家发展全局的关键议题"展开建设。同时,围绕这一目标,要体现"以人民为中心"的理念,"人民对美好生活的向往就是我们的奋斗目标,让人民生活幸福是'国之大者'"[①],要"把人民拥护不拥护、赞成不赞成、高兴不高兴、答应不答应作为衡量一切工作得失的根本标准"[②]。

## 2.2　改革开放目标的定位与内涵

近年来,浦东以自贸试验区和临港新片区建设为牵引,服务"三大任务、一大平台"国家战略,在推进高水平改革开放方面推出一系列重要举措。其中,自贸试验区建设升级提速,300多项重要改革成果、51条"浦东经验"向全国复制推广。截至2021年8月,临港新片区建设已完成国务院总体方案明确的工作任务的90%,基本形成了"五自

---

① 《习近平：人民对美好生活的向往就是我们的奋斗目标》,《人民日报》2012年11月16日。
② 习近平：《在庆祝中国共产党成立95周年大会上的讲话》,《求是》2021年第8期。

由一便利"的制度型开放体系框架,"放管服"改革不断深化。"一业一证"改革先行先试并上升为国家级改革试点,31 个试点行业全部落地,"证照分离"改革向全国复制推广。此外,上海证券交易所科创板顺利推出,长三角一体化发展成效显著。浦东面对复杂严峻的外部形势,外贸进出口总额在 2021 年达到 23 886 亿元,其中出口 8 203 亿元,进口 15 684 亿元,且贸易结构日趋优化,一般贸易进出口达到 11 663 亿元,占进出口总额 48.8%,高技术产品出口加速,电子元件、电工器材、自动数据处理、汽车等机电产品出口占比持续上升,外商投资实际到位金额 107 亿美元。这些都为浦东打造更高水平的改革开放引领区奠定了基础。

引领区《意见》中对浦东引领区的定位是"更高水平改革开放的开路先锋"。"开路先锋"体现在需要"在集成改革上发挥引领作用",具体要求是浦东应围绕综合性改革试点,"在改革系统集成协同高效上率先试出经验",同时,需要从"系统观念"出发,"在创新政府服务管理、优化营商环境、高标准市场体系建设等领域"提出"综合授权事项清单",浦东要"在重大制度创新充分联动和衔接配套上走在前列"。

### 2.2.1　最高水平改革开放的开路先锋

浦东需要在新时代上站在新起点,面向全球代表中国深度参与国际合作和竞争,在打造国内大循环的中心节点和国内国际双循环的战略链接中发挥积极作用,这是中国继续坚持对外开放承诺的再次体现,也是中国继续致力于推动更高质量发展的决心。因此,浦东既要继承发扬过去成功的经验做法,又要依据更高的国际经贸规则和标准要求，探索更高水平的制度性开放，在规则、规制、标准、管理等制度型开放方面勇当标杆、敢为先锋。浦东需要"从事物发展的全过程、产业发展的全链条、企业发展的全生命周期出发谋划设计改革"，围绕构建新发展格局中的畅通经济循环，依托重要节点功能的发挥，突破影响循环发展的阻碍瓶颈，为形成有机统一的经济发展格局提供强劲支持。为此，浦东在对内上需要围绕现代化经济体系的建立加强系统集成，推动经济发展质量变革、效率变革、动力变革，提高全要素生产率，紧扣浦东在上海国际经济、金融、贸易、航运和科技创新的"五个中心"建设中承载的重要功能，既要抓好一批重大改革开放任务，如"一业一证"改革等，也要抓好一批重大支持政策，如在税收、金融、人才等方面向中央争取高含金量的政策，与市级部门研究制定实施细则和配套方案等，充分发挥制度创新优势，形成贸易结构更完善、贸易主体能级更高、资源配置能力更强、贸易功能更突出的国际贸易中心核心区。

因此，引领区的改革开放提倡首创精神。在历经浦东开发开放30多年发展之后，浦东、上海乃至中国进一步跃升的起点，已经完全不同于往昔。更高水平的改革开放，一方面需要在关键领域环节予以更大力度的突破，另一方面需要开展更深层次、更为全面的探索。这也正是打造引领区的用意所在，这并非一般意义上的先行区、试验区、功能区、示范区。当然，对浦东而言，这样的角色也是需要扮演的，但其承担的使命不止于此。在新的关口，浦东应该成为一个全方位的引领样板，带头实现战略突围，克服阻碍瓶颈，开辟全新路径，进而帮助上海乃至中国在国际竞争中把握战略主动。在引领区《意见》中，赋予浦东一系列具有重要分量的重大任务、重大项目、重大支持，还有很多内容更是首次提出。浦东也将围绕这些方面多措并举，引领新一轮开放、打造首创性改革策源地。实际上就是要求上海大胆尝试，"试"出扩大开放新高度，"试"出高质量发展新路径，"试"出现代治理新水平。[①]

## 2.2.2　制度体系建设中系统集成的开路先锋

2005 年 6 月，国务院常务会议决定在浦东进行综合配套改革试点，当时国务院对浦东提出了"三个着力"的要求，即"着力转变政府职能、着力转变经济运行方式、着力改变城乡二元经济与社会结构"的要求，并要求浦东通过金融、航运、贸易、行政管理体制、城乡二元结构等方面的改革，形成"浦东能突破、上海能推广、全国能借鉴"的改革经验。2020 年，习近平总书记在浦东开发开放 30 周年庆祝大会上明确要求浦东探索开展综合性改革试点，引领区《意见》再一次强调了总书记提出的深入推进高水平制度型开放的要求。这意味着中央在赋予浦东更大的改革自主权和开放新空间的同时，更加强调系统集成的改革开放，这是综合配套改革试点的升级版，其目的是放大改革综合效益，打造市场化、法治化、国际化的一流营商环境，让浦东从中国的"头部地区"变成全球的"头部地区"（何万篷，2021）。

因此，引领区强化法治和制度保障。引领区《意见》中首次提出比照经济特区法规授权地方制定法规。这也意味着，"浦东可以通过区法规对法律、行政法规、部门规章作变通规定，可以根据市人大常委会

---

① 《上海举行贯彻落实〈中共中央国务院关于支持浦东新区高水平改革开放打造社会主义现代化建设引领区的意见〉发布会》，国务院新闻办公室网站，2021 年 7 月 23 日，http://www.scio.gov.cn/xwfbh/gssxwfbh/xwfbh/shanghai/Document/1710347/1710347.htm。

授权对本市地方性法规作变通规定，可以在暂无法律法规或明确规定的领域先行制定管理措施"。①这是对浦东改革的制度保障，要勇于挑最重的担子，啃最硬的骨头，改革既需要突破不合时宜的制度规定的勇气，更需要于法有据，同时，在暂无法律法规或明确规定的领域先行制定管理措施，保障先行先试。立法授权使浦东开发开放的制度供给能力得到了前所未有的提升，更为浦东乃至整个上海的改革发展提供了重大历史机遇。同时，也要突出政治功能，引导基层党组织和广大党员发挥战斗堡垒作用和先锋模范作用，要以一流党建引领浦东发展。②

### 2.2.3 对外开放中制度型开放的开路先锋

制度型开放与以往开放的不同之处在于，以前"要素开放"和"商品开放"强调商品和要素流动型开放，以前的开放主要体现为"边境开放"，主要是降低关税、压缩成本、提供政策优惠，而制度型开放则重在"边境后开放"，重点领域是在知识产权、绿色环保、劳动用工（人才流动）、竞争中性、商事制裁、数据流动和贸易自由化等方面，加快建立与国际通行规则相衔接的制度体系。③因此，它体现为规则、规制、管理、标准上的"三高"，即"高水平制度供给、高质量产品供给、高效率资金

① 葛俊俊：《浦东：打造引领区，再谱新传奇》，人民网，2021 年 8 月 9 日，http://sh.people.com.cn/n2/2021/0809/c134768-34859145.html。

② 《上海举行贯彻落实〈中共中央国务院关于支持浦东新区高水平改革开放打造社会主义现代化建设引领区的意见〉发布会》，国务院新闻办公室网站，2021 年 7 月 23 日，http://www.scio.gov.cn/xwfbh/gssxwfbh/xwfbh/shanghai/Document/1710347/1710347.htm。

③ 程晖：《上海浦东新区：加快打造社会主义现代化建设引领区》，《中国经济导报》2021 年 12 月 9 日；《再闯关山千万重——浦东打造社会主义现代化建设引领区"热启动"》，《解放日报》2021 年 8 月 10 日。

供给","目的是更好参与国际合作竞争"(何万篷,2021)。

加大中国先进水平"走出去",打响国际品牌。2018 年,习近平总书记对上海自贸试验区建设提出明确要求:建设特殊经济功能区。因此,要加快推进上海自贸试验区及临港新片区的先行先试,打造更具国际市场影响力和竞争力的特殊经济功能区,从投资贸易便利化向自由化全面拓展,加快建立与国际通行规则相互衔接的开放型经济新体制。同时,提升中国对外开放能级,将全球范围内优质人才、技术、资金等要素"引进来",探索出符合中国国情、体现高质量发展要求的路径方式,并当好服务"一带一路"建设的桥头堡,完善"一带一路"投资贸易服务功能,推动优势产业的全球布局,拓展与"一带一路"沿线国家的贸易便利化合作,统筹推进对内对外开放全面转型,成为国内外要素、市场、产能、规则的双向链接和全球产业链、供应链、价值链的重要枢纽。

## 2.3　自主创新目标的定位与内涵

习近平总书记在浦东开发开放 30 周年庆祝大会上明确提出"科学技术从来没有像今天这样深刻影响着国家前途命运,从来没有像今天这样深刻影响着人民幸福安康",浦东要在"基础科技领域作出大的创新,在关键核心技术领域取得大的突破,更好发挥科技创新策源功能",并提出浦东要"全力做强创新引擎,打造自主创新新高地"。近年来,浦东围绕技术创新和产业创新,成效显著。2020 年,浦东全社会

研究与试验发展（R&D）支出达到 513 亿元，占 GDP 的比重已经达到
4.15%，其中财政科技创新投入 103.94 亿元，获得国家专利授权数超
过 2.4 万件，每万人发明专利达到 90 件，经认定的孵化器和众创空间
达到 170 家，市级以上科技公共技术服务平台达到 203 家，外资研发
中心达到 248 家。与此同时，科技创新型产业发展迅速，截至 2020 年
底，浦东有效期内的高新技术企业达到 3 784 家，人才总量 155 万
人，六大硬核产业（"中国芯""创新药""蓝天梦""未来车""智能造""数
据港"）的产业规模总量迈上万亿能级。其中，汽车制造业产值 3 667
亿元，软件和信息服务业规模 2 965 亿元，生物医药产业规模 2 700
亿元，集成电路产业规模预计 1 800 亿元，成套设备产值 1 427 亿元，
航空航天制造产值 111 亿元。①数字经济加速发展，在线新经济、共享
经济、平台经济等新业态新模式不断涌现，一批新生代互联网企业迅
速成长。这些都为浦东未来自主创新定位的提升奠定了基础。引领
区《意见》将浦东定位为"自主创新发展的时代标杆"，要求浦东"充分
发挥新型举国体制的制度优势和超大规模市场优势，找准政府和市场
在推动科技创新、提升产业链水平中的着力点，建设国际科技创新中
心核心区，增强自主创新能力，强化高端产业引领功能，带动全国产业
链升级，提升全球影响力"。

### 2.3.1 建设关键技术研发的标杆

浦东引领区的建设是在科技革命加速到来的大背景下提出来的，

---

① 以上数据来自《浦东新区建设国际科技创新中心核心区"十四五"规划》。

当今世界新一轮科技革命正在加速推进,信息、生物医药、新能源、新材料等领域正处于革命性突破的前夜,一系列颠覆性技术正在改变产业的组织方式、生产方式和生活模式,也将对全球政治、经济、军事、安全和外交等产生深刻影响。各国为应对一系列变革正在不约而同地掀起以抢占科技创新制高点为核心的新一轮技术创新浪潮,纷纷加大对核心技术、关键技术和重大关键节点上技术创新能力的建设和投入,全球科技竞争日趋激烈。因此,作为全球科创中心核心承载区的浦东,就需要"在自主创新发展上跑出'加速度'",在原始创新能力、技术创新能力和创新生态系统等方面进行全面突破,掌握发展的主动权。[1]浦东重点在两个方向上发力:

一是围绕张江科学城建设,加快推进张江科学城扩区提质。布局和建设一批国家科技创新基地,吸引更多国家科研机构、高水平研究型大学在浦东布局科研力量,集聚更多科技领军企业。借助张江"十四五"扩园的契机,进一步提升张江科学城创新集聚度、活跃度、开放度、贡献度、辐射度,让张江成为创新潜能充分释放、创新活力充分迸发的科学之城、创新高地。加快张江城市副中心建设,实现浦东从高科技"新区"向科学"新城"的转变。同时,继续加强"热带雨林"创新生态和"南北科创走廊"建设,从而在创新发展中,"勇当科技和产业创新的开路先锋,为全国提供高水平科技供给"。[2]

　　①　《上海举行贯彻落实〈中共中央国务院关于支持浦东新区高水平改革开放打造社会主义现代化建设引领区的意见〉发布会》,国务院新闻办公室网站,2021 年 7 月 23 日,http://www.scio.gov.cn/xwfbh/gssxwfbh/xwfbh/shanghai/Document/1710347/1710347.htm。
　　②　《再闯关山千万重——浦东打造社会主义现代化建设引领区"热启动"》,《解放日报》2021 年 8 月 10 日。

二是围绕国家重大关键技术研发,强化国家战略科技力量。按照引领区《意见》要求,浦东需要围绕"1+2+4"①布局,直面全球科技和产业竞争的"最前沿",成为国家创新驱动发展的核心动力引擎,当好科技创新的国家队,"加快研发关键核心技术、催生更多原创性成果,关键就是要代表国家铸就更多'破门利器'"。②发展的重点在"加强原创性、引领性科技攻关,全力推进国家战略科技力量布局"③,加快推进国家实验室、国家工程研究中心、国家技术创新中心、国家临床医学研究中心等建设,同时要在超大规模开放算力、智能汽车研发应用创新平台方面进行突破。在具体项目上,要保障国家大科学基础设施及研究平台的建设,如硬 X 射线自由电子激光装置、上海光源二期、软 X 射线自由电子激光装置、张江实验室等战略科技平台、李政道研究所、张江复旦国际创新中心、上海交大张江科学园、同济自主智能无人系统科学中心、浙江大学上海高等研究院等的建设。

## 2.3.2　打造世界级创新产业集群的标杆

现代化的产业体系重点体现在"创新引领、协同发展"上,因此,习近平总书记反复强调"必须加快一二三产业的融合发展","要加快改造提升传统产业,推进信息化与工业化深度融合",要"着眼于全球产

---

① "1"就是打好关键核心技术攻坚战,稳定产业链和供应链。"2"就是加强基础研究和应用研究。"4"就是面向世界科技前沿、面向经济主战场、面向国家重大需求、面向人民生命健康,牵头组织大科学计划和大科学工程(何万篷,2021)。

② 葛俊俊:《直面全球科技最前沿　浦东何以剑指世界级产业集群?》,人民网,2021 年 8 月 15 日,http://sh.people.com.cn/n2/2021/0815/c134768-34868204.html。

③ 程晖:《上海浦东新区:加快打造社会主义现代化建设引领区》,《中国经济导报》2021 年 12 月 9 日。

业发展和变革大趋势,瞄准世界产业发展制高点,以提高技术含量、延长产业价值链、增加附加值、增强竞争力为重点","大力推进产业结构优化升级","尽快形成结构优化、功能完善、附加值高、竞争力强的现代产业体系"。①同时,要"着力培育战略性新兴产业,大力发展服务业特别是现代服务业,构建现代产业发展新体系"。②习近平总书记在浦东开发开放 30 周年庆祝大会上也明确提出,浦东要"加速科技成果向现实生产力转化,提升产业链水平,为确保全国产业链供应链稳定多作新贡献",要"聚焦关键领域发展创新型产业,加快在集成电路、生物医药、人工智能等领域打造世界级产业集群"。这意味着,浦东应"以打造世界级产业集群为目标,加快构建创新驱动、高端引领、赋能融合、集群发展的高水平现代化开放型产业体系"。③

因此,浦东一方面需要围绕固链、强链、延链,全力推进世界级硬核产业集群建设。着力打造"创新源、产业核、联动廊"的产业创新生态体系,促进制造业高质量发展。聚焦集成电路、生物医药、人工智能等领域,大力支持功能性平台建设,打好关键核心技术攻坚战,加快迈向全球价值链中高端。加快电子信息产业、生物医药产业、汽车制造业、航空航天制造业、成套设备制造业、软件和信息技术服务业等硬核产业发展,加快发展邮轮制造、新材料、再制造、氢能等新兴产业,谋划布局量子科学、类脑科学、基因工程等前沿领域。深化南北科创走廊

① 《习近平关于科技创新论述摘编》,中央文献出版社 2016 年版。
② 习近平:《抓住机遇立足优势积极作为　系统谋划"十三五"经济社会发展》,《人民日报》2015 年 5 月 29 日。
③ 葛俊俊:《直面全球科技最前沿　浦东何以剑指世界级产业集群?》,人民网,2021 年 8 月 15 日,http://sh.people.com.cn/n2/2021/0815/c134768-34868204.html。

建设,强化特色产业园区示范引领,进一步发挥区属国企主力军作用,全力打造经济密度高、创新能力强、品牌效应好的园区经济。要积极"占领全球产业链、价值链、创新链的现代化、高级化'头部'位置"①,在提高产业用地容积率和混合用地比例上加大支持力度,促进研发总部、制造总部、销售总部融合发展。同时,围绕产业链中的重要关键环节,培育对整个供应链或供应链中的大部分企业的资源配置和应用具有较强影响力的"链主"企业,进而推动整条产业链的发展,形成瀑布效应(何万篷,2021)。

另一方面要围绕创新型中小企业发展,优化企业创新培育链条,培育壮大创新主体。要建立多样化、多种形式的初创企业发现培育机制,通过创新创业大赛、孵化网络、搭建企业数据信息平台等方式,发现和筛选具有代表性的科技初创企业,加强科技企业的跟踪服务,充分挖掘重点企业成长潜力,提升发展效能。在引进一批龙头高新技术企业的同时,推进高质量的科技创业和大中小企业融通创新,培育孵化高新技术企业,推动高新技术企业在浦东蓬勃发展。特别是,围绕浦东"专精特新"企业发展,着力培育细分领域的"隐形冠军",并在此基础上,鼓励优质企业上市,借助浦东多层次资本市场发展壮大。②

### 2.3.3 打造深化科技创新体制改革、加快科技成果转化的标杆

习近平总书记在浦东开发开放30周年庆祝大会上明确提出,浦

---

① 何建华:《〈意见〉对浦东未来发展的战略定位高、支持力度大》,澎湃新闻,2021年7月20日,https://www.thepaper.cn/newsDetail_forward_13599339。
② 参见《浦东新区建设国际科技创新中心核心区"十四五"规划》。

东要"打好关键核心技术攻坚战,加速科技成果向现实生产力转化",要"提升产业链水平,为确保全国产业链供应链稳定多作新贡献",要通过"深化科技创新体制改革,发挥企业在技术创新中的主体作用"。因此,浦东引领区的建设,就是要"优化创新创业生态环境,疏通基础研究、应用研究和产业化双向链接的快车道"。

一是要打通科技成果转化过程中的断点和堵点,推动科技成果的转化。按照《浦东新区建设国际科技创新中心核心区"十四五"规划》和引领区《意见》要求,通过科技体制改革,激发科技创新和科技成果转化的活力,发挥好科研机构、科研人员在科技成果转化和技术创新中的主体作用,加快培养技术经理人,开展赋予科研人员职务科技成果所有权或长期使用权试点。加快提升全链条创新服务体系效能,促进孵化器、加速器和产业园区高效衔接,深入构建全生命周期创新孵化体系。

二是加大政策支持的力度,要积极发挥科技财政投入在科技创新和科技成果转化中的引导、激励和杠杆作用,探索以中央财政资金、地方资金、社会资本等多种方式投资和共同参与的重大科技基础设施建设和运行投入机制。完善各类支持科技创新和科技成果转化的综合预算管理和绩效评价等新型管理模式。探索将科研工艺设备设计费纳入项目总投资,项目建设单位自行承担的相关设计工作支出可列支设计费,对用于临床研究的药品免征进口环节税,采购国产设备自用的给予退税政策等政策创新。同时,要加强科技管理与服务体制构建,加大知识产权保护力度,建设企业研发进口微量耗材管理服务平台,加大金融支持科技创新和产业化的力度等。

三是要成为全球创新人才培育和集聚的标杆。习近平总书记一直强调人才的重要性，2018年5月在"两院"院士大会上就提出，"我们比历史上任何时期都更接近实现中华民族伟大复兴的宏伟目标，我们也比历史上任何时期都更加渴求人才"，因此，要"以识才的慧眼、爱才的诚意、用才的胆识、容才的雅量、聚才的良方，把党内和党外、国内和国外各方面优秀人才集聚到党和人民的伟大奋斗中来"。在浦东开发开放30周年庆祝大会上，习近平总书记要求浦东"率先实行更加开放更加便利的人才引进政策，积极引进高层次人才、拔尖人才和团队特别是青年才俊"。为此，浦东要从全球战略高度，聚天下英才而用之，通过建立全球高端人才引进"直通车"制度，以"更加开放更加便利的人才引进政策"构建具有国际竞争力的人才制度体系，加快创新人才引进培育，打造科创人才高地。

四是加强科技创新的互动，打造科技创新合作协同标杆。一方面，要发挥张江科学城、南北科技创新带、"热带雨林"创新生态等的联动，通过加强区域内龙头企业的创新引领和带动作用，挖掘和推广区域内大中小企业融通发展的新模式，畅通大中小企业信息、资源、能力、品牌对接的渠道，推动大中小融通特色载体发展，构建大中小企业融通发展的产业生态。另一方面，"超越浦东、立足上海、依托长三角、放眼全世界"，"建立最广泛的科技创新统一战线"，促进创新主体之间的交流协同、创新要素之间的流转互动、创新能力之间的共享和互补。①同长三角地区产业集群加强分工协作，突破一批核心部件、推出

---

① 张懿：《谋定快动只争朝夕　从头抓紧全程发力　比学赶超各显所能》，《文汇报》2021年7月20日。

一批高端产品、形成一批中国标准。要积极参与、牵头组织国际大科学计划和大科学工程，开展全球科技协同创新。

## 2.4　全球资源配置功能的定位与内涵

在浦东开发开放 30 年周年庆祝大会上，习近平总书记明确提出，浦东要"增强全球资源配置能力，服务构建新发展格局"，要"提高对资金、信息、技术、人才、货物等要素配置的全球性影响力"，进而"成为国内大循环的中心节点和国内国际双循环的战略链接，在长三角一体化发展中更好发挥龙头辐射作用"。浦东是上海全球资源配置功能的重要承载区，近年来，浦东聚焦城市能级和核心竞争力的提升，在全球资源配置方面的能力显著提升，国际经济、金融、贸易、航运中心核心区功能进一步凸显：在金融中心能级提升方面，截至 2021 年底，浦东持牌类金融机构总量已经达到 1 140 家，约占上海的 2/3，金融要素市场和基础设施达到 13 家，约占上海的 90%，外商独资资产管理公司 110 家，占全国 90% 以上，融资租赁资产规模超过 2.2 万亿元，约占全国的 1/3。此外，浦东金融市场在产品创新方面持续推进，在全球大宗商品市场上的"上海价格"的国际影响力进一步提升。专业管理咨询、通信服务等服务贸易约占上海的 50%，全国首个自贸试验区"离岸通"平台上线运行，离岸转手买卖收支金额超过上海的 90%，建立了涵盖能源、化工、钢铁等行业的 17 个大宗商品交易平台。累计跨国公司地区总部达到 389 家，约占上海的 47%。航运中心功能持续巩固，2021 年集装箱吞吐量达到约 4 200 万标箱，继续保持集装箱吞吐量全球第一，浦东国际机场货邮吞吐量保持全球第三，高端航运服务业机构集聚基本形成。①

浦东已经成为中国全球资源配置的重要承载区，未来需要继续发挥资源配置中的引领功能，"打造大平台、构建大通道、当好大跳板，加快打造功能高地，做强做优核心功能"。②为此，引领区《意见》明确提出浦东要打造"全球资源配置的功能高地"，要"以服务共建'一带一路'为切入点和突破口"，"积极配置全球资金、信息、技术、人才等要素资源，打造上海国际金融中心、贸易中心、航运中心核心区"，并提出浦东要"强化服务实体经济能力"，按照"高标准国际化经贸规则体系，打造我国深度融入全球经济发展和治理的功能高地"。

### 2.4.1 金融业对外开放的功能高地

金融是全球资源配置中的重要一环，是全球资源配置功能的核心功能之一，因此，引领区《意见》从两个方面对浦东打造金融开放的功能高地进行了论述：

一是在人民币国际化和资本项目开放方面，提出要在浦东率先探索"资本项目可兑换的实施路径"，同时"支持银行在符合'反洗钱、反恐怖融资、反逃税'和贸易真实性审核的要求下，便利诚信合规企业的跨境资金收付"，提出要"创新面向国际的人民币金融产品，扩大境外

---

① 数据源自 2022 年上海市浦东新区政府工作报告。
② 程晖：《上海浦东新区：加快打造社会主义现代化建设引领区》，《中国经济导报》2021 年12 月 9 日。

人民币境内投资金融产品范围,促进人民币资金跨境双向流动",并提出在中国外汇交易中心或中国金融期货交易所开展人民币外汇期货交易试点,为中国争取全球人民币市场主导权和定价权提供全方位服务。这一系列在"近未来"就会实现的先行先试,将逐步补齐上海金融体系特别是人民币业务不足的要素短板,进而在浦东积极打造全球的人民币资产配置、人民币资产定价、人民币风险管理和人民币服务中心。[①]

二是加快上海金融市场产品创新。浦东作为上海国际金融中心的核心区,要持续提升金融市场、机构和业务的国际化程度。引领区《意见》提出"推动金融期货市场与股票、债券、外汇、保险等市场合作,共同开发适应投资者需求的金融市场产品和工具","支持浦东在风险可控前提下,发展人民币离岸交易",扩大浦东金融市场容量,吸引更多的国际投资者在上海金融市场投资。要"构建与上海国际金融中心相匹配的离岸金融体系",推出更具国际化的投资和交易品种,拓展国际化业务,提升国际化水平,增强市场黏性。

## 2.4.2　海内外投融资的功能高地

上海要成为全球资源配置的功能高地,既要从丰富国际化产品资源配置入手,也要构建机构投资者集聚的生态圈,因此,面向海内外的重要投融资平台就显得非常重要。引领区《意见》聚焦三个重要市场的建设,要求提升全球投融资功能:

---

① 《配置全球资源,引领打造功能高地——浦东"引领区"建设述评之三》,《解放日报》2021 年 8 月 11 日。

　　一是国际金融资产交易平台的建设。目前,上海正在积极打造全球资管中心,并提出将力争到 2025 年,基本建成资产管理领域要素集聚度高、国际化水平强、生态体系较为完备的综合性、开放型资产管理中心。①国际金融资产交易平台是上海资产管理中心建设所需要的重要基础性平台之一。

　　二是科创板和金融市场的功能提升。"试点允许合格境外机构投资者使用人民币参与科创板股票发行交易。"要扩大外资机构业务准入范围:推动外资机构获得银行间债券市场 A 类主承销牌照以及参与国债期货交易;取消外资私募在可转债配售、跨境 ETF(交易型开放式指数基金)等业务上的投资限制;落实外资资产管理公司对新增 QDII(合格境内机构投资者)额度的享有权;取消合格境内有限合伙人和私募证券投资基金管理人的双重注册,避免监管主体不一致问题;对外资机构的资质审核综合考虑其境外母公司的规模和业务能力。同时,鼓励境内外主体开展跨境投融资服务,拓宽境内外主体参与上海金融市场的渠道,加快建设人民币跨境投融资中心。

　　三是债券市场的功能提升。截至 2021 年末,境外机构在中国债券市场的托管余额为 4.1 万亿元,占中国债券市场托管余额的比重为3.1%。其中,境外机构在银行间债券市场的托管余额为 4.0 万亿元。分券种看,境外机构持有国债 2.5 万亿元,占比 61.3%;政策性金融债1.1 万亿元,占比 27.3%。浦东引领区建设在债券市场建设中将进一步围绕"外债登记制度改革"、"外债管理制度"建设、"债券市场基础设

---

　　①　《陆家嘴——添砖金融城》,《解放日报》2021 年 7 月 20 日。

施互联互通"和债券市场的对外开放("加快推进包括银行间与交易所债券市场在内的中国债券市场统一对外开放,进一步便利合格境外机构投资者参与中国债券市场")等方面展开。

围绕上述三个市场的建设,浦东也在抓紧制订推出全球机构投资者集聚计划(Global Institution Investor Cluster,简称"GIC 计划"),以及主要的要素市场联合行动,进一步提升国际化交易品种数量,提升要素市场国际化水平。吸引更多的从事全球投资的知名机构投资者在浦东开展业务,扩大机构投资者投资规模,提升境外机构投资者在要素市场的持仓占比。最终打造各类金融机构和资金的集聚高地,成为全球金融要素资源配置的重要节点。[①]

### 2.4.3　金融基础设施和制度建设的功能高地

金融基础设施建设是支撑浦东全球资源配置功能提升的基础。习近平总书记在浦东开发开放 30 周年庆祝大会上明确指出,浦东要完善"基础设施体系",这体现在以下几个方面的功能提升:

一是以金融基础设施的完善提升资源配置功能。引领区《意见》围绕多层次多样化的资本市场建设,提出了一系列加强建设和完善金融基础设施平台的举措,如在保险交易所的建设方面,提出要围绕保险交易业务,积极"打造国际一流再保险中心"。围绕石油期现货交易市场建设,提出"支持上海石油天然气交易中心推出更多交易品种","建设国际油气交易和定价中心",这是中国未来进一步强化在全球能

---

① 张红:《"引领区"文件在浦东金融发展史中具有里程碑意义》,澎湃新闻,2021 年 7 月 16 日,https://www.thepaper.cn/newsDetail_forward_13612102。

源市场上定价权和话语权的重要举措之一。此外，引领区《意见》还提出要"在总结评估相关试点经验基础上"，"适时研究在浦东依法依规开设私募股权和创业投资股权份额转让平台，推动私募股权和创业投资股权份额二级交易市场发展"，这将为中国资本市场推动创业创新提供更加丰富的退出渠道。

二是以金融制度的完善提升资源配置功能。制度建设是完善金融市场资源配置功能的重要手段之一，为进一步加强国内金融市场与全球市场之间的规则对接和统一，引领区《意见》明确提出在证券市场上将"稳步实施以信息披露为核心的注册制，在科创板引入做市商制度"。在期货市场上将"探索建立场内全国性大宗商品仓单注册登记中心，开展期货保税仓单业务，并给予或落实配套的跨境金融和税收政策"，同时，围绕"期现互动"，将"建设国家级大型场内贵金属储备仓库"。上述市场定价和交易制度的完善是影响直接融资发展的关键，对推动资本市场更好地服务实体经济有着重大意义，"期现联动发展，则有助于大宗商品的价格发现，这是实体经济发展的关键"。①

三是以金融体系的完善提升资源配置功能。金融市场之间能够通过互动和协作，形成提升全球资源配置功能的合力，同时，金融生态体系建设能够为金融功能的提升起到重要的加速作用。为此，引领区《意见》围绕未来金融科技发展，提出要"构建贸易金融区块链标准体系，开展法定数字货币试点"，围绕人才培养和研究体系建设，提出"支

---

① 葛俊俊：《金融赋能，浦东如何释放全球资源配置"大能量"》，人民网，2021 年 8 月 18 日，http://sh.people.com.cn/n2/2021/0818/c134768-34872750.html。

持在浦东设立国家级金融科技研究机构、金融市场学院"，并围绕金融大数据的建设，提出"支持建设覆盖全金融市场的交易报告库"，并将全力打造金融数据港。此外，还要围绕金融风险的防范，提升金融法治水平，增强金融监管能力，并完善与国际对接的金融法治监管体系和现代化金融系统风险防范体系。

## 2.5　消费升级的定位与内涵

消费是国内大循环的重要组成部分，浦东是上海消费需求最旺盛的地区之一，2021 年，浦东完成商品销售总额 56 495 亿元，大宗商品实现销售额 31 878 亿元，社会消费品零售总额 3 832 亿元，网上零售额 851 亿元，且近年来居民在服饰类、化妆品类、娱乐用品类、通信设备类等方面的消费需求增长较快。首店、首发经济快速发展，2021 年浦东新增首店 156 家，为浦东消费市场源源不断地注入动力。据德勤报告，世界百强零售商已有 30 家进入浦东，国际知名高端品牌集聚度超过 90%。陆家嘴商圈是目前上海最繁荣的商圈之一，国金中心成为上海销售额第一的购物中心，前滩太古里、比斯特购物村、佛罗伦萨小镇、啦啦宝都等特色商业成为消费新地标，盒马鲜生、叮咚买菜等零售创新企业快速发展。引领区《意见》明确将浦东定位为"扩大国内需求的典范引领"，《上海市建设国际消费中心城市实施方案》也明确提出"建设浦东国际消费中心"，并提出浦东要通过从供给侧"创造高品质产品和服务供给"，"不断提升专业化、品牌化、国际化水平"，从需求侧

"培育消费新模式新业态"，从而"引领带动国内消费升级需求，打造面向全球市场的新品首发地、引领消费潮流的风向标，建设国际消费中心"。浦东从"过江大采购"到上海国际零售商集聚度最高的城区，定位为"国际消费中心"，这是上海"五个中心"核心区之外的又一国家级新定位。未来浦东将围绕"新主体、新平台、新地标、新消费、新环境"建设，从供给和消费两个方面体现"典范引领"功能。

### 2.5.1　供给侧的典范引领：高品质商品和服务

为提高消费供给的层级，浦东紧紧围绕打响"上海服务、上海制造、上海购物、上海文化、上海旅游品牌"，以高质量供给适应、引领、创造新需求。

一是围绕"五新"打造国际消费中心新样板。引进具有链接国内国际市场能力的市场主体和专业机构，引进国际化高能级主体，引进具有全球标识度的供应商。通过"发挥浦东先进制造和贸易航运枢纽优势"，打造"消费平台和流通中心"，做强一批进口消费品集散平台，培育发展一批国际产品和服务消费新平台。树立"新地标"，将小陆家嘴商圈打造成世界级地标商圈。打造以太古里为代表的前滩、比斯特购物村、佛罗伦萨小镇等特色商业。围绕首店首发经济，发展"新消费"，推动商业数字化转型，打造智慧化商圈商街，推动 5G 应用场景创新，促进夜间经济发展。同时，围绕诚信和信用体系建设营造"新环境"。

二是以品牌建设为基础，为产品升级注入新动能。浦东在《全球消费品牌集聚计划》中提出，未来三年，围绕品牌标识度、时尚引领度和业态丰富度,打造成面向全球市场的品牌首选地、新品首发地和潮流风向标,力争消费类总部过百、首店过千,建设五个百亿级、三个千亿级消费专业平台。在"品牌总部提质行动"方面,着重引进国际知名品牌商、品牌首店旗舰店、国潮品牌等,提升总部企业品牌运作能力。在"品牌载体建设行动"方面,建设陆家嘴世界级地标商圈,张江、前滩等区域特色商圈,以及滨江沿线首发地标。在"品牌渠道拓展行动"方面,通过"一带一路"、进博会引进具有全球标识度的品牌供应商。在"品牌创新赋能行动"方面,开放赋能、数字赋能,构建"智慧商业"体系,推动商旅文体展等融合。在"品牌传播推广行动"方面,助力品牌传播,促进品牌推广。在"品牌环境优化行动"方面,探索包容审慎监管,推进消费领域标准化建设。

三是围绕环境质量优化,打造产品高地。"研究探索放宽电信服务、医疗健康等服务消费市场外资准入限制,促进服务供给体系升级。建立完善养老托幼、家政服务、文化旅游等服务性消费标准体系。"推动浦东新型基础设施规模和创新能级迈向国际一流水平,要成为超级跨境电商中心,成为国内外品牌电商平台中心。提升街区商业环境的"颜值",从而扩大"一带""多圈"地标性夜生活集聚区影响力。强化购物场景的智能化、数字化、情景化,推动智能定位系统、智能影像分析、增强现实(AR)/虚拟现实(VR)等现代技术的广泛应用,为消费者提供创新性、智慧化的体验服务。同时,以破除制度性障碍为突破口,营造消费产业的高质量发展环境,"进一步深化实施境外旅客离境'即买即退'措施","支持在中国国际进口博览会期间举办上海消费促进系列活动",深化商事登记制度改革,促进连锁经营和新零售发展。并且,《上海市建设国际消费中心城市实施方案》也提出要支持浦东"研究探索放宽电信服务、医疗健康等服务消费市场外资准入限制,促进服务供给体系升级"。

### 2.5.2 需求侧的典范引领:绿色健康消费

一是线上线下融合的新消费模式。引领区《意见》明确提出"充实丰富在线医疗、在线文体等线上消费业态,推动线上线下融合消费双向提速"。同时,将绿色服务、节能减排、资源循环等概念充分融入消费环境中。倡导绿色低碳消费,倡导生态设计和绿色消费理念,减少一次性用品的使用,引导消费者优先采购可循环、易回收、可再生的替代产品。试点餐饮行业绿色账户积分激励机制。加强塑料污染治理。推进再生资源回收和利用,提高资源综合利用率,推动汽车使用全生命周期管理。

二是推进终端非接触式智能设施建设和资源共享。在线购物和在线消费是市场发展和科技发展的必然产物,对消费有很大的促进作用。这是消费模式和业态的创新,也是现代意义上的国际消费中心的重要标志。因此,要加快发展在线消费,充分利用5G、大数据、人工智能、区块链等智能交互技术。同时,要加快推进数据安全建章立制,加快推进上海数据条例立法计划,完善数据安全相关法律法规和标准规范。加快商业转型升级,创新商业新业态新模式,打响"上海云购物"品牌,举办更多云走秀、云体验、云展览活动。

三是优化消费环境,激发消费动能。引领区《意见》明确提出要"建立快速有效的消费者投诉处理机制,对消费新业态实行包容审慎监管"。同时,《上海市建设国际消费中心城市实施方案》也提出要支持浦东"培育消费新模式新业态,对消费新业态实行包容审慎监管,引领带动国内消费升级需求"。此外,进一步完善商业服务标准化体系、品牌消费品国际比价体系,尽可能实现与国际市场同质同价。构建以商务信用为基础的新型监管机制,降低交易成本,提高流通效率。

## 2.6　城市治理的定位与内涵

习近平总书记在上海调研时指出,"人民城市人民建、人民城市为人民","城市是人集中生活的地方,城市建设必须把让人民宜居安居放在首位"。近年来,浦东坚持以人为本,不断完善城市功能布局,持续深化社会治理创新,推进实施城市数字化转型,生态宜居城市加快建设。在城市基础设施建设方面,坚持提质增效,"区域一体、城乡统筹、全区畅达的综合交通体系基本建成"。在重点区域方向上,突出特色和亮点,主题城市特色更加鲜明,"陆家嘴金融城国际影响力持续提升,张江、金桥城市副中心高起点规划建设,外高桥区域'五高联动'不断深化,世博前滩加快功能集聚"。在城市生态环境建设方面,通过全力开展"五违四必"区域环境综合整治,推动环境持续改善。在城市治理能力建设方面,围绕城市运行综合管理中心,切实增强社会治安综合治理能力,获评"平安中国建设示范区"。同时,聚焦实施民心工程,推动城乡一体的民生保障体系加快完善,"就业和社会保障持续加强"、"城乡养老服务增量提质"、"教育卫生事业稳步推进"、"文化体育事业繁荣发展"。①浦东正在成为中国"现代城市治理的示范样板",将从治理手段、治理模式、治理理念创新等方面,通过"加快建设智慧城市,率先构建经济治理、社会治理、城市治理统筹推进和有机衔接的治理体系",将浦东"建设成为人与人、人与自然和谐共生的美丽家园"。具体而言,示范样板功能体现在四个方面。

### 2.6.1 城市治理体系创新的示范样板

城市治理中的重要方面就是"构建系统完备、科学规范、运行有效的城市治理体系,提升治理科学化、精细化、智能化水平,提高应对重大突发事件能力",因此,在体系建设方面,浦东需要打造以下几个方面的示范样板:

一是坚持以人民为中心的治理理念,打造城市治理的示范样板。城市治理的根本目的是提升人民群众获得感、幸福感、安全感,因此,浦东以人民为中心推进以人为核心的城市现代化能够更加凸显上海的城市特质,把人民宜居安居放在首位,把最好的资源留给人民,坚持共同富裕方向,着力创新城市治理、优化公共服务,深入推进美丽街区、美丽家园、美丽乡村建设,把服务管理的触角延伸到每一个角落,努力打造精细化、极致化、有温度的超大城区治理样本。坚持不懈抓好疫情防控,健全公共卫生应急管理体系,全方位全周期保障人民健康。

二是打通断点堵点,实现统一协同的示范样板。引领区《意见》明

---

① 2022 年上海市浦东新区政府工作报告。

确提出要"把全生命周期管理理念贯穿城市规划、建设、管理全过程各环节,深入推进城市运行'一网统管'"。一方面,要"紧扣企业办事堵点、痛点,依托人工智能等先进技术赋能政务服务,为企业群众提供多渠道、全地域、跨时空、零距离的智能服务"。①另一方面,要围绕"一网统管"加大数字化集成,推动突出数据驱动治理下的"精细化管理",让城市从"治理"走向"智理"。构建经济治理、社会治理、城市治理统筹推进和有机衔接的治理体系,按照"同一类对象管理向一个应用场景集成"的原则,对经济治理、社会治理、城市治理三大治理平台进行全领域整合集成,尤其是聚焦公共安全、规划建设、市场监管、网格化管理、交通管理、生态环境等重点领域,推进跨部门、跨层级业务流程系统重构,实现态势全面感知、趋势智能研判、资源统筹调度,推动城市治理模式创新和治理体系重构,打造科学化、精细化、智能化的超大城市"数治"新范式,在全国发挥引领示范效应。

三是社会治理基层下沉,"打通最后一公里"的示范样板。由于在推进"一网统管"中,绝大多数事项需在基层一线处置,切实为基层增能减负至关重要,因此,引领区《意见》明确提出要"推动社会治理和资源向基层下沉,强化街道、社区治理服务功能,打通联系服务群众'最后一公里'"。这就意味着要进一步加大基层赋能力度。要深入挖掘、主动发现基层一线的问题需求,以线下问题需求牵引线上智能化系统建设,以线上智能化管理倒逼线下业务流程优化和管理创新,形成线上线下有机联动的良好格局,进而实现"办公空间趋零化、服务空间最

---

① 马作鹏、葛俊俊:《打造"引领区",上海浦东如何谋定快动?》,人民网,2021 年 7 月 29 日,http://sh.people.com.cn/n2/2021/0729/c134768-34843225.html。

大化、服务项目标准化、服务标识统一化"。①

四是扩大参与主体，扩大服务范围的示范样板。引领区《意见》明确提出要"创新人口管理机制，提升服务功能"，"支持浦东探索与经济社会发展需要相适应的人口管理机制"。这体现在要进一步扩大社会参与治理，让社会力量参与公共数据开发利用，从而催生出更多创新案例，不断提升浦东超大城区基层社区治理和多元共治水平，更好地为城市运行和市民生活服务。同时，也能够扩大服务对象范围，提升服务能力。

## 2.6.2　时代特色城市风貌打造的示范样板

习近平总书记高度重视文化传承与文化创新的统一，认为"中国特色社会主义文化，源自于中华民族五千多年文明历史所孕育的中华优秀传统文化，熔铸于党领导人民在革命、建设、改革中创造的革命文化和社会主义先进文化，植根于中国特色社会主义伟大实践"。因此，浦东在城市治理与城市更新中，既要"加强历史建筑、文物保护，打造富有中国特色的建筑群"，又要通过改造老城区和旧工业区，"统筹推进浦东城市有机更新"，"与现代化都市有机融合"，"建设文化创意和休闲消费场所"，并在此基础上，"加强地下空间统筹规划利用，推进海绵城市和综合管廊建设，提升城市气候韧性"，进而形成在特色城市风貌上的示范样板。

---

① 葛俊俊：《浦东如何"绣"出城市治理"示范样板"？》，人民网，2021 年 8 月 20 日，http://sh.people.com.cn/n2/2021/0820/c134768-34876045.html。

一是聚焦美丽家园、美丽街区、美丽乡村,打造城市更新升级的示范样板。在"美丽家园"方面,深入推进老旧小区和公共绿地、花园、健身点适老化改造,增加儿童友好活动空间,营造社区微生态环境,推进老旧小区、高层住宅消防设备改造更新。在"美丽街区"方面,巩固重点区域环境治理成果,更新背街小巷、公共设施,并结合老年人、儿童、残障人士等群体需求,优化设施建设,让城市更加温馨。在"美丽乡村"方面,围绕丰富村民生活、提升农村文明水平,进一步彰显乡村的生态功能,加强核心区域风貌保护,提升农村环境管理精细化水平。

二是围绕时代特色,打造新的城市风貌示范样板。浦东要成为更富人文底蕴与风貌特色的典范城区,向世界展示中国现代化大都市的独特内涵。一方面,要提升浦东滨江景观品质,把其打造成世界级的滨水复合功能带和"世界会客厅",建设成为上海全球城市核心功能的重要承载区和标志性的城市空间,实现从"工业锈带"向"创新秀带""生活秀带"的转变。[①]进一步推进滨水公共空间向南北延伸和纵深拓展,完成陆家嘴滨江绿地、前滩公园等区段改造提升,注重绿化景观的美学把握,为市民提供更多公共休闲空间。同时,以滨江工业遗存更新为重点,全面开展沿岸文化资源挖掘与活化,营造浓郁的人文氛围。

三是围绕历史积淀,打造城市历史风貌保护的示范样板。充分挖掘和保护浦东各类历史文化资源,重视非物质文化遗产保护和传承,彰显历史文脉和地域特色。为此,应进一步加强历史文化名镇、名村、传统村落以及优秀历史建筑的保护,尤其是重点保护新场、川沙、高桥

---

① 参见《浦东沿江区域发展"十四五"规划》。

三个中国历史文化名镇,加强对大团镇、航头镇两个风貌特色镇的保护与管控。同时,严格保护中国传统村落沔青村,加强余姚村、洋溢村、邓三村、新北村等风貌特色村建设。

### 2.6.3　和谐优美生态环境构建的示范样板

党的十八大以来,绿色发展和生态文明建设被"纳入中国特色社会主义事业总体布局",并"融入经济建设、政治建设、文化建设、社会建设各方面和全过程"。①习近平总书记也一再强调要"保持战略定力,站在人与自然和谐共生的高度"来推动绿色可持续发展,从而"形成节约资源和保护环境的空间格局、产业结构、生产方式、生活方式,统筹污染治理、生态保护、应对气候变化,促进生态环境持续改善,努力建设人与自然和谐共生的现代化"。②在浦东引领区的城市建设中,也围绕着和谐优美的城市生态环境建设打造新样板。

一是城市建设中的生态环保示范样板。把全生命周期管理理念贯穿城市规划、建设、管理的全过程和各环节,充分发挥空间布局对城市发展的导向作用,统筹城市有机更新和历史风貌保护,努力构建和谐优美生态环境,打造生产、生活、生态相互融合的新空间。为此,浦东需要坚持绿色发展、生态优先,持续打好污染防治攻坚战,着力加大污染治理力度,持续改善浦东整体环境质量,推进生态环境治理体系和治理能力现代化。同时,持续推进生态绿化建设,完善由郊野公园、

---

① 中共中央文献研究室编:《习近平关于社会主义生态文明建设论述摘编》,中央文献出版社 2017 年版。

② 汪晓东、刘毅、林小溪:《让绿水青山造福人民泽被子孙——习近平总书记关于生态文明建设重要论述综述》,《人民日报》2021 年 6 月 3 日。

城市公园、社区公园等为主体,口袋公园为补充的城乡公园体系。

二是城市生活中的绿色健康示范样板。推动绿色低碳出行,发展以网络化轨道交通为主体的公共交通体系。使绿色成为城市发展最动人的底色,使低碳生产生活方式更加深入人心,天更蓝、地更绿、水更清、环境更优美,打造成为人人向往的生态宜居典范城区。

三是制度建设中的示范样板。引领区《意见》明确提出要践行低碳城市理念,"实行最严格的生态环境保护制度",持续推进生态环境整治,全面提升生态环境品质。从制度建设方面强化生态意识和制度意识:"健全源头预防、过程控制、损害赔偿、责任追究的生态环境保护体系。优化企业生态信息采集和评价标准,构建生态信用体系。深化生态环境保护综合行政执法改革,健全生态环境公益诉讼制度。评估调整黄浦江沿岸和海洋生态保护红线。严格落实垃圾分类和资源化再利用制度。"[1]

### 2.6.4　居民生活品质提升的示范样板

习近平总书记始终把人民放在心中最高位置,他一再指出,中国共产党"是为广大人民谋幸福的党",要不忘初心,始终"心系人民、情系人民,忠诚一辈子,奉献一辈子",要把"人民对美好生活的向往"作为"我们的奋斗目标","让人民生活幸福是'国之大者'"。[2]因此,"把人民拥护不拥护、赞成不赞成、高兴不高兴、答应不答应作为衡量一切工

① 参见《浦东新区 2021—2023 年生态环境保护和建设三年行动计划》。
② 《习近平:人民对美好生活的向往就是我们的奋斗目标》,《人民日报》2012 年 11 月 16 日。

888898888888888

作得失的根本标准"。①浦东城市治理示范样板合不合格，最终将归结为人民群众满意与否上面。引领区《意见》明确提出，要从五个方面实现人民生活品质提升的示范样板功能：

一是打造高水平公共服务体系的示范样板。着力解决人民群众最关心最直接最现实的利益问题，要"建立依据常住人口配置公共服务资源的制度"，"开展城市居住社区建设补短板行动，改善弄堂环境，加大停车场和充电设施、街心公园等基本服务设施和公共活动空间配套建设力度"。这意味着浦东应率先构建高水平公共服务体系，着眼于满足人民群众的多元化、多层次需求，在提供普惠化基本公共服务的基础上，进一步增加高品质的教育、医疗、养老、文化等优质资源供给，并与长三角地区统筹布局。围绕打造满足品质生活的服务体系，提升社区综合管理服务能力，做优自治共治平台，做强"家门口"服务体系，深化15分钟生活圈建设，激活基层社区每一个细胞，进一步提高公共服务均衡化、优质化水平。

二是打造更高质量的就业和社会保障体系的示范样板。一方面，实施更加积极的就业政策。鼓励创业带动就业，营造良好的创业环境。加强对各类重点人群的就业援助，守好"稳就业"底线。加强密切跟踪和妥善应对，完善群体性劳动纠纷预警机制，开展和谐劳动关系创建活动，妥善处理好促进企业发展和维护职工权益的关系。另一方面，织密多层次社会保障网络。稳步提高各类群体保障水平，建设与经济发展水平相适应、全面协调可持续的多层次社会保障体系，努力

---

① 习近平：《在庆祝中国共产党成立95周年大会上的讲话》，《求是》2021年第8期。

做到应保尽保。同时，扩大社会救助覆盖面，加大重点群体关爱力度，完善老人、残障人士等特殊群体的福利政策，强化困境儿童、孤残儿童的兜底保障，形成有梯度、全覆盖的社会救助体系。

三是打造健康和养老服务体系的示范样板。①加快"健康浦东"建设，优化浦东医疗资源的空间布局和梯度配置，推进医疗服务对外开放，引进国际一流医疗资源，在浦东设立高端特色医院，并完善境外新药、医疗器械在境内使用的配套政策，更好地满足国际化浦东对先进医疗服务的需求。同时，积极应对人口老龄化、高龄化趋势，巩固完善居家社区机构相协调、医养康养相结合的养老服务体系，深化养老服务供给侧改革，形成大城养老的"浦东样本"。加大社区养老服务网络建设力度，确保社区养老服务方便可及，为老年人提供方便温馨的服务，让老年人在家门口安享晚年。推动养老服务产业发展。鼓励银发经济发展，坚持政府支持、社会运营、合理定价，积极培育一批在上海乃至中国有影响的养老服务品牌。推动智慧健康养老产业发展，促进信息技术在安全防护、照护服务、情感关爱等养老服务领域的应用。加强对养老服务机构在服务运营、医疗卫生、食品安全等环节的监督，依托大数据平台实现精准监管，提升行业规范化程度。

四是打造公平而有质量教育的示范样板。要"增加高质量和国际化教育、医疗等优质资源供给，不断提高公共服务均衡化、优质化水平"，要立足百年大计，深入落实"双减"战略，促进学生德智体美劳全面发展，提高学生体质健康标准达标优良率。推进基础教育均衡优质

---

① 参见《浦东新区民政事业发展"十四五"规划》。

发展,稳步推进资源布局均衡化,提高学区化、集团化、联盟化等办学程度,更好满足市民群众对优质教育的需求。此外,打造"幼有善育"的布局体系,扩大普惠型学前教育。

五是打造高品质文化的示范样板。要积极"弘扬红色文化,发扬海派文化、江南文化,做大做强文创产业",满足市民群众"美好生活向往"。围绕上海"一轴、一带"文化设施布局中的"一轴"中的浦东板块(陆家嘴—花木地区—上海国际旅游度假区—浦东空港地区)和"一带"中的世博及前后滩文化演艺集聚区,建设打造具有国际竞争力的文化地标。围绕上海自贸试验区改革等国家战略部署,建设国家版权创新发展基地,推动版权产业发展。试点推动文物艺术品等文化领域更高水平有序开放,争取更多国家重点文化建设项目、重大文化改革举措在浦东先行先试,吸引跨国文化公司总部落户。推进外高桥艺术集聚区建设,推进国际重要艺术品交易中心建设,进而打造中国高品质文化建设和发展的新样板。①

---

① 参见《上海市社会主义国际文化大都市建设"十四五"规划》。

# 第3章 浦东高水平改革开放与引领区建设评价指标体系构建

　　遵照习近平总书记在浦东开发开放 30 周年庆祝大会上的讲话精神,并根据《中共中央国务院关于支持浦东新区高水平改革开放打造社会主义现代化建设引领区的意见》,本章构建"浦东高水平改革开放与引领区建设评价指标体系"。本评价指标体系根据引领区《意见》中对浦东的战略定位,从"更高水平改革开放的开路先锋""自主创新发展的时代标杆""全球资源配置的功能高地""扩大国内需求的典范引领"和"现代城市治理的示范样板"五个维度出发,分别构造相关指标体系,在充分考虑数据的可得性、可比性、有效性和统一性的基础上,共选取 50 项二级定量指标,进行综合评价。

## 3.1 指标体系的构建目标和选取原则

### 3.1.1 评价指标体系的构建目标

　　按照中共中央、国务院对浦东新区高水平改革开放、打造社会主义现代化建设引领区的目标要求,对标最高标准、最好水平、最严要求，从定量和定性两个层面对社会主义现代化建设引领区进行评估，以达到以下几个方面的目的：

一是充分反映社会主义现代化建设引领区的发展内涵，充分体现新发展阶段下的新发展理念，体现浦东勇挑重担、勇啃最硬骨头的精神，围绕"努力成为更高水平改革开放的开路先锋、全面建设社会主义现代化国家的排头兵"的目标设计指标体系，通过指标体系中指标的展示彰显"四个自信"，展示中国理念、中国精神、中国道路。

二是体现浦东引领区的战略定位，从"构建国内大循环的中心节点和国内国际双循环的战略链接"的视角出发，围绕在长三角一体化发展中的龙头辐射作用，全面建设社会主义现代化中的"国家窗口"建设的战略高度来设计指标。

三是以评价指标体系建设指引未来的工作，要盯住问题，破解发展难题，补齐短板，通过指标的精细分解，将具体工作落实到浦东引领区建设的各个条线和部门，从而实现任务对表，把握推进节奏。通过指标的设计明确参照和标杆，通过动态跟踪、全面对比、良性竞合，倒逼自身不懈怠、出新招。

## 3.1.2 评价指标体系的选取原则

一是全面性和包容性兼具的原则。浦东引领区的定位涉及经济、社会、文化等不同方面，要建设一个综合引领区，因此，在指标设计过程中要能够反映出全面性和包容性的特征。

二是普遍性和特殊性相结合的原则。指标的选取既要能反映一个国家或地区在现代化过程中的普遍性特征，也要反映浦东作为中国改革开放最前沿的特殊性特征。

三是单个指标与系统整合相结合的原则。既要把引领区建设中的具有战略性、纲领性、引领性的理念创新和重点发展任务,转化为定量的具体发展目标,又要考虑引领区建设中指标之间的互动关联和系统性、整体性特征,因此需要考虑指标体系的逻辑构架。

四是要注重公开性、权威性和科学性。定量指标要使用权威机构发布的指标,要能够保证数据指标的公开性和权威性。定性指标的评估要尊重客观事实,符合科学规律和逻辑,并与人民群众普遍的感知相一致。

## 3.2　指标选取的具体说明

### 3.2.1　关于更高水平改革开放的开路先锋的度量指标体系

该指标体系对应的是引领区《意见》中"加强改革系统集成,激活高质量发展新动力"(改革)和"推进高水平制度型开放,增创国际合作和竞争新优势"(开放)两方面的内容。其中,前者主要包括了"创新政府服务管理方式""强化竞争政策基础地位"和"健全要素市场一体化运行机制"三方面的内容,围绕引领区《意见》中对上述三项内容的详细阐述,借鉴樊纲(1993)、盛洪(1995)、任保平和杨斐(2012)、赵婷和陈钊(2019)等的度量指标。关于后者,我们则从自贸试验区建设推动的浦东改革开放和国际航运枢纽建设两个方面展开度量。基于上述内容,我们构造了 10 个具体指标:

（1）与更高水平改革开放相关的制度建设指标。完成计 1 分，按照进度计分，在 0—1 之间。其中，"提出制度建设目标"计 0.2 分，"展开前期研究并开始推进"计 0.2 分，"形成并公布实施草案"计 0.2 分，"进入后期完善阶段"计 0.2 分，"方案正式推出"计 0.2 分。

（2）市场准营承诺即入制行业覆盖率。根据引领区《意见》中细化的制度创新内容，浦东将"探索试点商事登记确认制和市场准营承诺即入制"，因此，可以考虑以"市场准营承诺即入登记确认的企业数量/当期全部新注册企业数量"进行计算，取值在 0—1 之间。

（3）外商投资企业数量。根据引领区《意见》中"落实外商投资准入前国民待遇加负面清单管理制度"的要求制定本指标，计算公式为：（当年外资企业数量－基年外资企业数量）/基年外资企业数量。

（4）混合所有制改革企业占比及国企证券化率。根据引领区《意见》中"积极稳妥推进具备条件的国有企业混合所有制改革和整合重组"的要求制定本指标，计算公式为：（混改企业数量/全部国有企业数量＋国有企业证券化率）/2。

（5）产业用地"标准化"和混合产业用地供给数量占比。根据引领区《意见》中"深化产业用地'标准化'出让方式改革，增加混合产业用地供给"的要求制定本指标，计算公式为：（产业用地"标准化"数量＋混合产业用地供给数量）/全部工地数量。

（6）能耗强度。根据引领区《意见》中"实施以能耗强度为核心、能源消费总量保持适度弹性的用能控制制度"的要求制定本指标，计算公式为：（当年万元 GDP 能耗－基年万元 GDP 能耗）/基年万元 GDP能耗。

（7）数据交易额。根据引领区《意见》中"建设国际数据港和数据交易所，推进数据权属界定、开放共享、交易流通、监督管理等标准制定和系统建设"的要求制定本指标，计算公式为：（当年数据交易额－基年数据交易额）/基年数据交易额。

（8）上海自贸试验区产值。计算公式为：（当年上海自贸试验区总产值－基年上海自贸试验区总产值）/基年上海自贸试验区总产值。

（9）临港新片区产值。根据引领区《意见》中"更好发挥中国（上海）自由贸易试验区及临港新片区'试验田'作用"的要求制定本指标，计算公式为：（当年临港新片区总产值－基年临港新片区总产值）/基年临港新片区总产值。

（10）江海陆空铁综合运力及国际中转货运占比：根据引领区《意见》中"强化上海港、浦东国际机场与长三角港口群、机场群一体化发展，加强江海陆空铁紧密衔接"和"开展以洋山港为国际中转港的外贸集装箱沿海捎带业务"的要求制定本指标，计算公式为：［（当年江海陆空铁综合运量－基年江海陆空铁综合运量）/基年江海陆空铁综合运量＋（当年国际中转货运量－基年国际中转货运量）/基年国际中转货运量］/2。

### 3.2.2　关于自主创新发展的时代标杆的度量指标体系

该指标体系对应的是引领区《意见》中"全力做强创新引擎，打造自主创新新高地"的内容，未来浦东将围绕世界科技前沿和中国经济主战场中的国家战略重大需求，在基础研究和应用基础研究和关键核心技术方面加快发展，为此，引领区《意见》中将其分解为三项具体任

务,我们也将围绕上述任务,从关键技术和基础研发、高新技术产业集群、科技成果转化等方面,用 10 个指标进行度量:

(1) 与创新相关的制度建设指标。完成计 1 分,按照进度计分,在 0—1 之间。

(2) 研发投入占比。度量研发创新的基础指标,计算公式为:R&D 投入额/GDP。

(3) 国家实验室、国家工程研究中心、国家技术创新中心、国家临床医学研究中心数量。根据引领区《意见》中"加快推进国家实验室建设,布局和建设一批国家工程研究中心、国家技术创新中心、国家临床医学研究中心等国家科技创新基地"的要求制定本指标,计算公式为:(当年一室三中心数量-基年一室三中心数量)/基年一室三中心数量。

(4) 国家重大科研成果数量。度量研发创新的重要指标之一,计算公式为:(当年重大科研成果数量-基年重大科研成果数量)/基年重大科研成果数量。

(5) 关键领域核心环节生产研发的企业产值。根据引领区《意见》中关于"符合条件的从事集成电路、人工智能、生物医药、民用航空等关键领域核心环节生产研发的企业"的要求制定本指标,计算公式为:(当年关键产业生产研发企业产值-基年关键产业生产研发企业产值)/基年关键产业生产研发企业产值。

(6) 关键产业全球占比。计算公式为:当年关键产业产值/全球该类产业产值。

(7) 总部经济数量。根据引领区《意见》中"发展更高能级的总部经济"的要求制定本指标,计算公式为:(当年总部经济数量-基年总部经济数量)/基年总部经济数量。取值基本上控制在 0—1 之间。

(8) 新型研发机构和专业化技术转移机构数量。根据引领区《意见》中"支持新型研发机构"和"支持高校和科研院所建立专业化技术转移机构"的要求制定本指标,计算公式为:(当年新型研发机构和专业化技术转移机构数量－基年新型研发机构和专业化技术转移机构数量)/基年新型研发机构和专业化技术转移机构数量。

(9) 科创板上市企业数量。根据引领区《意见》中"支持浦东设立科创板拟上市企业知识产权服务站"的要求制定本指标,计算公式为:(当年科创板上市企业数量－基年科创板上市企业数量)/基年科创板上市企业数量。

(10) 科技成果交易额。度量科技成果转化的重要指标之一,计算公式为:(当年科技成果交易额－基年科技成果交易额)/基年科技成果交易额。

### 3.2.3　关于全球资源配置的功能高地的度量指标体系

引领区《意见》主要是从全球资本配置能力的视角展开细化的,因此,该项目主要围绕资本的国内配置(即"完善金融市场体系、产品体系、机构体系、基础设施体系")和全球资本流动(即"人民币离岸交易、跨境贸易结算和海外融资服务")两个方面展开,并以提升上海在全球资本市场上的定价能力,"更好服务和引领实体经济发展"为目标。从上述视角出发,我们主要用 10 个指标进行度量:

(1) 与全球资源配置相关的制度建设指标。完成计 1 分,按照进度计分,在 0—1 之间。

（2）金融市场交易额。度量金融市场建设的重要指标之一,计算公式为:(当年金融市场交易额－基年金融市场交易额)/基年金融市场交易额。

（3）金融市场外资占比。度量金融市场开放度的重要指标之一,计算公式为:当年金融市场外资交易额/当年金融市场全部交易额。

（4）外资金融机构占比。度量金融市场开放度的重要指标之一,计算公式为:当年金融市场外资金融机构数量/当年金融市场全部金融机构数量。

（5）合格境外机构投资者参与科创板股票交易的交易额占比。根据引领区《意见》中"试点允许合格境外机构投资者使用人民币参与科创板股票发行交易"的要求制定本指标,计算公式为:合格境外机构投资者参与科创板股票交易的交易额/当年科创板交易额。

（6）合格境外机构投资者参与中国债券市场交易的交易额。根据引领区《意见》中"加快推进包括银行间与交易所债券市场在内的中国债券市场统一对外开放"的要求制定本指标,计算公式为:合格境外机构投资者参与中国债券市场交易的交易额/当年银行间市场交易额。

（7）大宗商品交易市场交易额。度量大宗商品交易市场活跃度的重要指标之一,计算公式为:(当年大宗商品交易市场交易额－基年大宗商品交易市场交易额)/基年大宗商品交易市场交易额。

（8）上海石油天然气交易中心交易额。度量石油天然气交易市场活跃度的重要指标之一,计算公式为:(当年上海石油天然气交易中心交易额－基年上海石油天然气交易中心交易额)/基年上海石油天然然气交易中心交易额。

（9）私募股权和创业投资基金机构投资额。度量私募投资活跃度的重要指标之一，计算公式为：（当年私募投资额－基年私募投资额）/基年私募投资额。

（10）金融科技机构数量。度量金融科技机构活跃度的重要指标之一（以认定的金融科技机构为准），计算公式为：（当年金融科技机构数量－基年金融科技机构数量）/基年金融科技机构数量。

### 3.2.4　关于扩大国内需求的典范引领的度量指标体系

引领区《意见》主要围绕"建设上海国际消费中心城市"的目标，以培育打响上海服务、上海制造、上海购物、上海文化、上海旅游品牌为抓手，通过高质量供给适应、引领、创造新需求，实现浦东成为扩大国内需求的典范引领，从"增加高品质商品和服务供给"和"培育绿色健康消费新模式"两个方面进行了阐释。基于此，我们同时借鉴了《上海市建设国际消费中心城市实施方案》中的相关内容，进而设计出以下10 个具体指标：

（1）与增加高品质商品和服务供给相关的制度建设指标。完成计 1 分，按照进度计分，在 0—1 之间。

（2）市级区级商圈销售额。根据"建设具有全球影响力标志性商圈"和"小陆家嘴商圈打造高端商业商务集聚互动，文化体验、商务观光功能突出的世界级地标性综合商圈"的要求设计指标，计算公式为：（当年市级区级商圈销售额－基年市级区级商圈销售额）/基年市级区级商圈销售额。

（3）国际知名商业主体数量。根据"建设浦东国际消费中心"和"吸引更多国际国内知名商业主体和消费品牌集聚浦东"的要求设计指标,计算公式为:(当年国内外知名商业主体数量－基年国内外知名商业主体数量)/基年国内外知名商业主体数量。

（4）国际知名消费品牌(总部)数量。根据"加快推进浦东'全球消费品牌集聚计划',吸引更多国际国内知名商业主体和消费品牌集聚浦东"的要求设计指标,计算公式为:[当年国内外知名消费品牌(总部)数量－基年国内外知名消费品牌(总部)数量]/基年国内外知名消费品牌(总部)数量。

（5）首店经济数量。据"吸引高能级品牌首店、旗舰店、概念店入驻"的要求设计指标,计算公式为:(当年首店经济数量－基年首店经济数量)/基年首店经济数量。

（6）免税商店数量。根据"大力发展免退税经济"的要求设计指标,计算公式为:(当年免税店数量－基年免税店数量)/基年免税店数量。

（7）新型消费场景应用落地、全场景体验中心或服务中心数量。根据"为国际品牌打造全场景体验中心或服务中心创造条件"的要求设计指标,计算公式为:(当年全场景体验中心或服务中心数量－基年全场景体验中心或服务中心数量)/基年全场景体验中心或服务中心数量。

（8）养老托幼、家政服务、文化旅游等服务性消费机构数量。根据"建立完善养老托幼、家政服务、文化旅游等服务性消费标准体系"的要求设计指标,计算公式为:(当年服务性消费机构数量－基年服务性消费机构数量)/基年服务性消费机构数量。

（9）（跨境）电子商务消费额。在线消费的重要度量指标之一，计算公式为：［当年（跨境）电子商务消费额－基年（跨境）电子商务消费额］/基年（跨境）电子商务消费额。

（10）在线医疗、在线文体等线上消费或服务机构数量。根据"充实丰富在线医疗、在线文体等线上消费业态"的要求设计指标，计算公式为：（当年在线服务机构数量－基年在线服务机构数量）/基年在线服务机构数量。

### 3.2.5　关于现代城市治理的示范样板的度量指标体系

引领区《意见》中关于现代城市治理的内容涉及四个部分，即"城市治理体系""特色城市风貌""和谐优美生态环境"和"提升居民生活品质"。这实质上涉及城市治理的两个层面的含义：城市地域空间治理层面的资本、土地、劳动力、生态等方面的可持续发展，主要是关于"特色城市风貌"和"和谐优美生态环境"的内容；社会控制和公共管理的概念，主要内容包括社会公共安全和秩序、社会保障和福利、社会公共服务、社会组织、社区管理和服务等。因此，我们使用 10 个指标来进行度量：

（1）与城市治理相关的制度建设指标。完成计 1 分，按照进度计分，在 0—1 之间。

（2）城市道路密度。度量城市交通的重要指标之一，计算公式为：城市道路长度/城市总面积。取增速作为变量，标准化至 0—1 之间。

（3）城市轨道交通长度。度量城市交通的重要指标之一，计算公式为：城市轨道交通长度/城市总面积。取增速作为变量，标准化至 0—1 之间。

（4）人均绿化面积。度量人居环境的重要指标之一,计算公式为:总绿化面积/城市总人口。取增速作为变量,标准化至 0—1 之间。

（5）地下网管密度。度量人居环境的重要指标之一,计算公式为:地下网管总长度/城市总面积。取增速作为变量,标准化至 0—1 之间。

（6）万人病床数。度量医疗卫生状况的重要指标之一,计算公式为:总床位数(张)/总人数(万人)。取增速作为变量,标准化至 0—1 之间。

（7）师生比。度量教育状况的重要指标之一,计算公式为:学生人数/教师人数。取增速作为变量,标准化至 0—1 之间。

（8）养老机构数量。度量社会化养老的重要指标之一,计算公式为:(当年养老病床数—基年养老病床数)/基年养老病床数。标准化至 0—1 之间。

（9）文化娱乐设施数量。度量文化娱乐水平的重要指标之一,计算公式为:(当年文化娱乐设施数量—基年文化娱乐设施数量)/基年文化娱乐设施数量。标准化至 0—1 之间。

（10）互联网(5G 网络)接入率。度量信息化的重要指标之一,指每百户互联网接入率。

## 3.3 各级指标的赋权

一般需要按照各指标的重要性程度对其进行赋权,根据引领区《意见》中相关指标的阐释顺序和内容,"高水平改革开放、打造社会主义现代化建设引领区"是浦东未来建设的核心,创新发展是未来浦东转型升级迈向更高水平的重要驱动力,提升全球资源配置能力,在内外双循环的新发展格局中打造国内大循环中心节点和国内国际双循环战略链接,打造国际消费中心和宜居宜业的城市治理新样板。我们认为,可以对五个方面平均赋权,每个一级指标的权重均为 20%。所有的二级指标事实上也是平均赋权,每个二级指标的权重为 2%。具体的权重分布可参见表 3.1。

表 3.1　各级指标的权重分布表

| 一级指标 | 二级指标 | 一级指标 | 二级指标 |
| --- | --- | --- | --- |
| 更高水平改革开放的开路先锋(20%) | 制度建设指标(2%) | 自主创新发展的时代标杆(20%) | 制度建设指标(2%) |
| | 市场准营承诺即入制行业覆盖率(2%) | | 研发投入占比(2%) |
| | 外商投资企业数量(2%) | | 国家实验室、国家工程研究中心、国家技术创新中心、国家临床医学研究中心数量(2%) |
| | 混合所有制改革企业占比及国企证券化率(2%) | | 国家重大科研成果数量(2%) |
| | 产业用地"标准化"和混合产业用地供给数量占比(2%) | | 关键领域核心环节生产研发的企业产值(2%) |
| | 能耗强度(2%) | | 关键产业全球占比(2%) |
| | 数据交易额(2%) | | 总部经济数量(2%) |
| | 上海自贸试验区产值(2%) | | 新型研发机构和专业化技术转移机构数量(2%) |
| | 临港新片区产值(2%) | | 科创板上市企业数量(2%) |
| | 江海陆空铁综合运力及国际中转货运占比(2%) | | 科技成果交易额(2%) |

续表

| 一级指标 | 二级指标 | 一级指标 | 二级指标 |
|---|---|---|---|
| 全球资源配置的功能高地(20%) | 制度建设指标(2%) | 现代城市治理的示范样板(20%) | 制度建设指标(2%) |
| | 金融市场交易额(2%) | | 城市道路密度(2%) |
| | 金融市场外资占比(2%) | | 城市轨道交通长度(2%) |
| | 外资金融机构占比(2%) | | 人均绿化面积(2%) |
| | 合格境外机构投资者参与科创板股票交易的交易额占比(2%) | | 地下网管密度(2%) |
| | 合格境外机构投资者参与中国债券市场交易的交易额(2%) | | 万人病床数(2%) |
| | 大宗商品交易市场交易额(2%) | | 师生比(2%) |
| | 上海石油天然气交易中心交易额(2%) | | 养老机构数量(2%) |
| | 私募股权和创业投资基金机构投资额(2%) | | 文化娱乐设施数量(2%) |
| | 金融科技机构数量(2%) | | 互联网(5G网络)接入率(2%) |
| 扩大国内需求的典范引领(20%) | 制度建设指标(2%) | | |
| | 市级区级商圈销售额(2%) | | |
| | 国内外知名商业主体数量(2%) | | |
| | 国内外知名消费品牌(总部)数量(2%) | | |
| | 首店经济数量(2%) | | |
| | 免税商店数量(2%) | | |
| | 新型消费场景应用落地数量、全场景体验中心或服务中心数量(2%) | | |

续表

| 一级指标 | 二级指标 | 一级指标 | 二级指标 |
|---|---|---|---|
| 扩大国内需求的典范引领（20%） | 养老托幼、家政服务、文化旅游等服务性消费机构数量（2%） | | |
| | （跨境）电子商务消费额（2%） | | |
| | 在线医疗、在线文体等线上消费或服务机构数量（2%） | | |

## 3.4　指标的合成方法和基准年份的选择

### 3.4.1　指标的合成

整体的浦东高水平改革开放与引领区建设评价指标反映的是"更高水平改革开放的开路先锋""自主创新发展的时代标杆""全球资源配置的功能高地""扩大国内需求的典范引领"和"现代城市治理的示范样板"五个方面的综合水平，因此，计算公式为：浦东高水平改革开放与引领区建设评价指标综合指数＝各一级指标权重×各一级指标综合指数。

我们可以通过一二级指标的合成指数对各指标进行分析，计算公式为：一级指标综合指数＝各一级指标下二级指标权重×各二级指标综合指数。

### 3.4.2　基准年份的选择

引领区《意见》于 2021 年 7 月 15 日发布，浦东高水平改革开放、打造社会主义现代化建设引领区就此展开,同时考虑到 2020 年新冠肺炎疫情的特殊性,因此,以 2021 年作为指标体系的基准年份。在系统梳理相关度量指标后,计算出 2021 年的浦东高水平改革开放与引领区建设综合评价指标得分,并将其标准化为 100,后续年份的综合评价指标得分与之比较后,即能评估每年浦东在引领区建设中的进展情况。

# 第4章  浦东社会主义现代化建设引领区的内外部环境

　　党的十八大以来,在以习近平总书记为核心的党中央坚强领导下,浦东取得了举世瞩目的发展成就,为中国特色社会主义制度优势提供了最鲜活的现实明证,为改革开放和社会主义现代化建设提供了最生动的实践写照。"十四五"时期,中国开启全面建设社会主义现代化国家新征程,并出台系列部署,而浦东作为改革创新的排头兵,也是新发展格局中的战略链接,这样的基础和条件为浦东高水平改革开放、打造社会主义现代化建设引领区提供了重要保障。

　　党中央为浦东赋予打造社会主义现代化建设引领区这一历史使命,亦是针对当前复杂多变的国内外形势,对外昭示中国坚定不移推进全面深化改革开放的决心。在全球经济深度调整、产业与技术革新变化及国际经贸规则重大变革的大背景下,中国经济也迎来由高速增长转向高质量发展的新形势,中国始终坚持改革开放不动摇,坚定推行新一轮高水平改革开放,这也是进一步深入融入全球的必然要求(迟福林,2019)。一直以对外开放为核心的浦东,必然要适应新的形势,秉承国家赋予的全新的历史使命,积极投身参与新一轮高水平改革开放建设,并作出自己最大的贡献。

社会主义现代化建设引领区的打造,对于浦东来讲,是一个重要利好消息,为浦东新一轮开发开放、再创辉煌提供了历史机遇。而定位之高、期许之重,也意味着浦东肩负的任务更重,面对的挑战更大。只有全面辩证准确地分析研判浦东面临的新形势,科学应变、主动求变,在大局中精准把握发展主动权,落地落实浦东发展的新定位新路径,才能在机遇中育先机、于挑战中开新局,成为更好向世界展示中国的平台窗口,创造新时代浦东改革开放新奇迹。

## 4.1 浦东引领区建设的国际背景

20世纪90年代初,中国作出开发开放浦东的伟大决策,上海也一举成为改革开放最前沿,令世界为之震动。彼时国际形势错综复杂、剧烈多变,国际投资流向、经济结构都处于变化和重组之中。西方国家对中国展开经济制裁,大量投资流向社会变革中的苏联、东欧国家,以及投资环境日益改善的东南亚,世界经济发展的区域化、集团化格局日渐形成,美欧等西方发达国家占据了经济全球化的主导主控地位,这些因素无疑都加深了上海走向世界的艰巨性、严峻性和复杂性。同时放眼国内,上海的经济中心地位渐渐衰落,交通、住房、环境等问题成为制约城市发展的重要原因,致使上海难以与经济快速发展的亚太地区相抗衡。浦东开发开放在这个背景下的提出,正是承载着重振上海雄风的重大责任,也成为带动长三角及长江流域发展的重要契机。如今,经历30多年的披荆斩棘,浦东开发开放已经取得了举世瞩目的成就,成为中国改革开放的鲜明旗帜及上海现代化建设的精彩缩影。但不得不看到,当前世界迎来了百年未有之大变局,一系列不确定、不稳定的因素不断增多,国际形势呈现错综复杂、扑朔迷离的状态,再次引发了国际格局及国家关系的洗牌和改变。①比起 20 世纪 90年代初的国际局势,浦东在社会主义现代化建设引领区建设中,无疑更是任重道远,需砥砺前行。

### 4.1.1  全球政治经济形势深度转型调整

自全球金融危机之后,世界经济与政治就进入了深度调整的加速演变期。2020 年新冠肺炎疫情作为重大的外部冲击,进一步使世界经济政治形势发展急剧变化,国际关系和地缘政治的动荡为世界经济演变增添了很大的不确定性,全球经济结构、贸易投资、宏观调控框架都产生了明显变化。全球经济增长动能减弱,仍在低位徘徊,经济复苏面临较大不确定性。世界经济复苏不稳定不平衡,促使单边主义、保护主义、内顾倾向不断加强,收入不平等日渐加剧,经济全球化遭遇更大逆风。全球治理体系中的合作意愿和合作水平呈现降级态势,国际多边合作中的"领导力缺失症"加重,开放型世界经济体系陷入碎片化危机(陈燕,2020)。

全球化回落期,各国政府推行的出口限制以及其他保护性措施明显增加,这些措施如果长期延续甚至常态化,必将对世界经济贸易的复苏带来负面影响。世界贸易组织(WTO)的数据显示,2020 年全球

---

① 何建华:《何建华专栏:浦东现代化建设的历史方位和使命担当》,澎湃新闻,2021 年 5 月3 日,https://www.thepaper.cn/newsDetail_forward_12517435。

表 4.1　部分国际机构对新冠肺炎疫情下世界经济走势的预测

| 机　　构 | 2018 年 | 2019 年 | 2020 年 | 2021 年 | 2022 年 |
|---|---|---|---|---|---|
| 联 合 国 | 3.1% | 2.5% | −3.6% | 5.4% | 4.1% |
| 世界银行 | 3.2% | 2.5% | −3.5% | 5.6% | 4.3% |
| 经济合作与发展组织 | 3.5% | 2.7% | −3.4% | 5.7% | 4.5% |
| 国际货币基金组织 | 3.6% | 2.8% | −3.1% | 5.9% | 4.9% |

注:表中数据为全球经济增长率,2021 年和 2022 年的数据为预测值。

资料来源:世界旅游城市联合会与中国社会科学院旅游研究中心的《世界旅游经济趋势报告(2022)》。

货物贸易同比萎缩 5.3%。联合国贸易和发展会议的数据也显示,2020 年全球直接投资大幅下降 42%,其中,发达经济体接受的外商直接投资下降 69%,发展中经济体下降 12%。①在新冠肺炎疫情的全球冲击下,全球产业链、供应链的脆弱性被暴露出来,全球产业链、供应链开始朝着更具韧性和包容性的方向重构。

表 4.2　2018—2020 年国际直接投资流入年度增长(%)

| 经济体/地区 | 2018 年 | 2019 年 | 2020 年 |
|---|---|---|---|
| 世　　界 | −13 | 7 | −24 |
| 发达经济体 | −21 | 6 | −37 |
| 欧　　洲 | −32 | 5 | −35 |
| 北美洲 | −18 | 18 | −42 |
| 发展中经济体 | −1 | 4 | −8 |
| 非　　洲 | 13 | 4 | −16 |
| 亚　　洲 | −2 | 4 | 4 |
| 拉丁美洲和加勒比地区 | −4 | 7 | −45 |
| 转型经济体 | −28 | 58 | −58 |

资料来源:联合国贸易和发展会议的《2021 年世界投资报告》。

————————————

① 数据源自中国人民银行的《中国金融稳定报告(2021)》。

尽管这个阶段全球化与区域合作呈现复杂的交错发展态势,全球经济及其发展格局持续重组分化,但开放仍然是世界经济发展的重要主题。国际贸易增速放缓既有世界经济低迷总体需求不足的因素,也有周期性因素和结构性因素(戴翔、张二震,2016)。但作为工业革命和市场经济发展的必然逻辑的全球化趋势不可逆转,开放依然是全球经济发展高举的大旗和亮点所在。而且为克服新冠肺炎疫情导致的健康危机和经济困局,世界也应开展更多的全球化合作,而不是更少。在各国发展联系日益紧密的情况下,要素开放从宏观到微观不断深入,更广空间、更多领域、更快速度、更多联系的开放特征更为明显。为此,对外开放质量不仅不能降低,反而应该提高。近年来,美欧正朝着"零关税、零壁垒、零政府补贴"的方向努力。美国发起的服务贸易协定(TiSA)谈判愈发重视服务贸易市场的开放和服务贸易的自由化(程大中等,2019)。中国在服务贸易领域的外国准入限制、人员流动限制、规则透明度和制度透明度方面还有着很大的开放和提升空间。面对全球经济贸易体制的变革及中美贸易摩擦的常态化,中国需以更加开放的国际姿态、更高水平的开放战略,努力实现从"世界工厂"到"世界市场"的积极转变。

在全球新冠肺炎疫情和世界经济形势严峻复杂的特定背景下,浦东打造社会主义现代化建设引领区的意义更加凸显,开启了中国建设世界最高水平改革开放平台的新征程。浦东作为中国改革开放的前沿窗口及对外依存度较高的国际化区域,一方面,首当其冲受到外部环境深刻变化带来的重大挑战,另一方面,也面临着全球治理体系与经贸规则变动,特别是中国引领推动经济全球化健康发展带来的新机遇。在浦东打造社会主义现代化建设引领区，是中国以开放促改革发展，推动建设开放型经济新体制的重要举措，也是中国反对保护主义、支持和推动经济全球化、更深程度融入世界经济的实际行动，彰显了中国按照既定目标继续推进高水平对外开放及社会主义现代化建设的决心和力度。随着浦东打造社会主义现代化建设引领区的深入推进，其对中国和世界的作用与意义将会充分显现。

### 4.1.2　新一轮产业变革深入发展

目前，全球经济是否从康波周期衰退阶段走向了萧条阶段，还未能完全确认，但历次走出危机都有赖于新技术革命及其标志性技术的大规模产业化。当今世界新一轮科技创新正在加速推进，信息、生物医药、新能源、新材料等领域处于革命性突破的前夜，颠覆性技术将改变产业形态、组织方式和生产生活方式，对国际经济、政治、军事、安全、外交等产生深刻影响。从目前层出不穷的各种技术、众多国家的诸多创新举措来看，各国纷纷加大对产业技术创新能力建设的投入与扶持，国际科技竞争日益加剧，抢占技术制高点并率先形成全球引领的产业化技术，顺应全球创新体系和创新模式的一系列变革，是国家竞争的优先选项。全球新一轮产业和技术革命正孕育催生，推动全球要素分工向全球创新链层面发展（刘志彪，2015）。在工业文明向信息文明的转变过程中，哪个国家能够更早出现大规模产业化的技术革新，哪个国家就能在经济长周期中获得先机。中国既需要紧握赶超跨越的历史机遇，也应该正视各类严峻挑战。

　　随着全球创新格局向亚洲转移，部分国家对中国实行技术遏制和封锁。新冠肺炎疫情后保护主义、逆全球化抬头，国际范围内产业和技术供应链出现断点。美国自 2018 年中兴事件起，多次将中国企业列入所谓的"实体清单"，这导致这些企业获取美国的高新技术、产品或材料时，将面临严格审查，甚至难以建立合规渠道与美国企业形成合作。例如，美国商务部工业与安全局于 2020 年 12 月发布包含 77 个组织或个人的"实体清单"，其中中国企业或科研院所就占据了 60 个席位，包括中芯国际、大疆创新科技有限公司、中德美联生物技术有限公司等科创型企业，形成对中国集成芯片等高科技产业的打压之势。[①]2021 年美国又先后将中国超级计算机实体、光伏企业等列入"实体清单"，其本质上是利用全球创新网络中的技术权力实行霸权主义，旨在打压中国实体经济的发展，保障美国在国际竞争中"一家独大"的绝对优势地位。因此，加快自主创新步伐、掌握核心关键技术，成为保障国家安全的重要要求。国际创新环境恶化和技术协作断裂使全球创新网络中存在断点，造成中国高新技术产业供应链、价值链的断裂，打压中国高端产业的升级和发展，增加中国作为后发国家实现技术赶超的难度。部分发达国家借助科技制高点的领先地位，通过技术封锁与管制形成贸易壁垒，大大减缓创新要素在国家间的流动。因此，充分调动国内创新要素的流动，培育自主创新能力以补链强链，加强对核心技术的控制能力，有利于把握技术红利，形成高新技术产业的国际竞争优势。

---

　　① 《打压持续升级！美商务部将 77 个实体列入"实体清单"，涉及中国众多企业、高校及个人》，环球网，2020 年 12 月 19 日，https://world.huanqiu.com/article/41A2GtLmw7r。

中国经济增长长期由资源和投资拉动,部分产业对国外高新技术、材料等依赖性较强,而向高质量创新驱动型经济的转变离不开科技创新。中国科技创新的综合能力虽显著提升,《2021年全球创新指数报告》(世界知识产权组织)显示中国位列第12名,实现连续9年位次上升,但中国科技创新仍面临人才紧缺、自主创新薄弱、知识密集型产业附加值低等难题,未能实现创新大国向创新强国的转变。科技创新是经济实现由效率、要素驱动向创新驱动的原始驱动力,是经济发展突破平台期的关键要素,浦东引领创新将面临众多研发难关。浦东克服这些难题应怀有大刀阔斧改革的决心,实现科技创新能力和经济高质量发展要求的匹配。

### 4.1.3　国际经贸规则体系呈现重构态势

当前,国际贸易投资规则正呈现一系列新变化,国际经贸规则正经历前所未有的变动,贸易格局的多边和双边同步推进,这对中国的进一步开放形成新的挑战。从贸易格局来看,当前以WTO为代表的多边贸易体制的权威性和有效性遭受多重挑战。随着WTO领导的多边贸易体制谈判陷入停滞,自由贸易协定和区域贸易协定的发展成为国际贸易格局的重点。而区域贸易协定更为注重双边或多边贸易的公平性和对等性,也更具"有偏性"和"排他性"。2020年全球通过的投资政策措施数量(152项)相较于2019年增加了40%以上,限制或监管措施占全部投资措施的比例达到33%的历史最高点。

表 4.3  2003—2020 年国别投资政策变化

| 类　　别 | 2003—2007 年（危机前平均数） | 2008 年 | 2009 年 | 2010 年 | 2011 年 | 2012 年 | 2013 年 |
|---|---|---|---|---|---|---|---|
| 引入外国投资政策变化的国家数量 | 67 | 40 | 46 | 54 | 51 | 57 | 60 |
| 全球投资政策措施的数量 | 128 | 68 | 89 | 116 | 86 | 92 | 87 |
| 自由化/促进措施的数量 | 107 | 51 | 61 | 77 | 62 | 65 | 63 |
| 限制/监管措施的数量 | 20 | 15 | 24 | 33 | 21 | 21 | 21 |
| 中性/待定措施的数量 | 1 | 2 | 4 | 6 | 3 | 6 | 3 |

| | 2014 年 | 2015 年 | 2016 年 | 2017 年 | 2018 年 | 2019 年 | 2020 年 |
|---|---|---|---|---|---|---|---|
| 引入外国投资政策变化的国家数量 | 41 | 49 | 59 | 65 | 55 | 54 | 67 |
| 全球投资政策措施的数量 | 74 | 100 | 125 | 144 | 112 | 107 | 152 |
| 自由化/促进措施的数量 | 52 | 75 | 84 | 98 | 65 | 66 | 72 |
| 限制/监管措施的数量 | 12 | 14 | 22 | 23 | 31 | 21 | 50 |
| 中性/待定措施的数量 | 10 | 11 | 19 | 23 | 16 | 20 | 30 |

注："限制"是指一项政策措施引入外国投资设立的限制；"监管"是指对已设立的投资（无论是国内控股还是国外控股）引入相关义务的政策措施。

资料来源：联合国贸易和发展会议的《2021 年世界投资报告》。

从贸易规则来看，非传统贸易壁垒及相应的非传统议题成为贸易谈判的重点。国际经贸规则的关注重点从边境规则向边境后措施延伸，国内制度与国际规则的对接更加紧密。例如，美墨加协定（USMCA）不仅涉及产业开放、原产地规则、关税及非关税壁垒等一般贸易议题，还拓展到了汇率形成机制、国有企业补贴、产业政策等非传统议题，甚至将劳工标准等敏感议题嵌入原产地标准等一般议题中打包实施。此外，竞争中立制度也是国际贸易和投资谈判重点关注的内容。

从贸易内容来看，数字经济、自然人流动等成为新的关注焦点。

目前,美国国际贸易委员会、经济合作与发展组织、国际货币基金组织都已经将数字贸易作为重要的发展方向。数字技术的发展对贸易产品和贸易内容带来结构性的变化和影响,知识产权、数据流、数字产品及数据流动监管可能成为未来新的比较优势。国际经贸规则发生深刻变动,中国需要在融入全球经济的新征程中实现高水平改革开放。浦东一直以对外开放为核心,未来的对外开放不仅仅是对标国际最高标准,先行先试做"先行者",更重要的是适应新的形势,秉承国家赋予的全新历史使命,代表国家参与国际经贸规则的重构,为国家参与乃至引领相关谈判提供建议,做谈判方案的"贡献者",为商品要素流动的开放转向制度型的开放做"探索者"。

## 4.2 浦东引领区建设的国内环境

回首改革开放的历史,浦东开发开放作为继成立深圳经济特区后的重要战略举措,在中国改革开放进程中画下浓墨重彩的一笔,成为中国社会转型的重要演练场。浦东的发展不是简单的经济增长,而是致力于实现全领域、多方位、高质量的发展,包含了经济治理、科技创新、社会管理及城市治理等丰富内涵。目前,中国已经进入全面建设社会主义现代化的新阶段,需要像浦东这样的先进地区继续走在前列、探索创新、做好引领、服务国家发展全局。浦东需要直面全新的国内环境,科学把握新发展阶段,坚定不移贯彻新发展理念,服务和融入新发展格局,做好角色迭代、作用升级,为社会主义现代化建设接续发力。

### 4.2.1　中国发展进入新阶段，改革步入攻坚期和深水区

目前，以历史性消除绝对贫困、全面建成小康社会为标志，中国高速增长的发展阶段已经收官。在过去 40 多年的高速增长阶段，我们党持续深化对改革开放规律的认识，以稳中求进作为工作总基调，既强调改革的系统性、整体性及协同性，又注重鼓励大胆试验、大胆突破，积极将改革开放引向深入。中国 GDP 以年均接近两位数的速度增长。2009 年中国成为全球第一大货物出口国，2013 年中国成为全球第一大货物贸易国。今天，中国已成为 120 多个国家和地区的最大贸易伙伴，是世界上增长最快的主要出口市场、全球吸引外资最多的发展中国家，中国与世界各国经贸联系和互利往来越来越密切，中国综合国力和国际影响力实现迅速提升，社会主义市场经济体制机制快速发展，外向型经济发展战略不断推进，工业化经济体系得以转型。

但不得不承认，在过去的发展中，发展不平衡不充分问题仍然突出，重点领域关键环节改革任务仍然艰巨，创新能力不适应高质量发展要求，农业基础还不稳固，城乡区域发展和收入分配差距较大，生态环保任重道远，民生保障存在短板，社会治理还有弱项。基于这样的现状与问题，党的十九届五中全会对"十四五"时期中国发展作出系统谋划和战略部署，提出进入新发展阶段、贯彻新发展理念、构建新发展格局的科学判断和鲜明要求，这标志着中国以实现共同富裕、推动经济高质量发展为特征的新阶段启程。在接下来的高质量发展阶段，将重点转变发展方式，优化经济结构，拓展发展空间，推动科学、技术、数学、工程等创新体制环境变迁，促进管理、标准、规则等制度开放及法

治现代化进程,加快区域城乡社会实现共同富裕的体制机制集成创新。

这些新任务、新挑战都离不开新一轮高水平的改革开放,同时亟须破路尖兵勇闯改革开放深水区。这是因为经济的高质量发展高度依赖资源配置效率的不断提升,高度依赖技术变革和创新发展,高度依赖市场机制的完善和开放。只有高水平改革开放,才能克服经济发展中的固有顽疾,才能为中国经济发展提供新的动力和源泉,释放出更新、更多的改革红利和开放收益。作为新型开放大国,中国迫切开放统筹国内国外两个市场,坚持"引进来"与"走出去"并重,以高水平开放加快建设高质量的市场经济,加强与国际经贸规则对接,改变原有粗放式发展,改变大而不强的现有状态,为中国置身强国之林打下坚实基础。浦东30多年的开发开放已经为上海和中国的改革开放积累了诸多创新经验,实现了诸多改革突破,因此要发挥其在全国发展大局中的重要作用,在原有承担国家战略使命并取得举世瞩目成就的基础上,坚持新发展理念,服务构建新发展格局,切实扛起引领区建设的重大责任,通过更高质量和更深层次的开放,更好地对接国际最高水平的开放市场与开放规则。以开放倒逼改革,克服全面深化改革中未能解决的深层次问题,去除体制机制中长久存在的顽疾,全力构筑高质量发展新优势,继续勇当标杆、敢为闯将,为推动国家开放战略再上新台阶,提供更多有益的经验和方法。

### 4.2.2 战略功能性区域增多,竞合格局整体成型

在服务构建新发展格局的过程中,全国各地千帆竞发、百舸争流,

上海和浦东都面临着国家赋予更大使命、开展先行先试的新机遇。国内超过一半的省份获批自贸区,全方位开放格局进一步深化;雄安新区、深圳先行示范区、海南自贸港及浦东引领区等具有全局战略意义的功能性区域潜力巨大、势头强劲;京津冀、粤港澳大湾区、长三角、长江经济带、黄河经济带等区域经济一体化发展引人注目,对中国改革开放空间布局具有重大意义和作用。区域竞合发展新态势一改计划经济体制下的区域经济均衡发展格局,通过非均衡的极化发展,不仅通过优质资源的集中、集聚与集约,实现了经济发展的要素集中、结构优化与功能提升,也促进了放大功能、强化辐射、带动周边及牵动全局的作用发挥。

表 4.4　主要功能性区域的基本情况、战略定位与区位优势

| 功能性区域 | 设立时间 | 常住人口 | 面积 | 战略定位 | 区位优势 |
| --- | --- | --- | --- | --- | --- |
| 雄安新区 | 2017 年 4 月 1 日 | 120.54 万人 | 1 770 平方千米 | 集中疏解北京非首都功能,探索人口经济密集地区优化开发新模式,调整优化京津冀城市布局和空间结构,培育创新驱动发展新引擎 | 位于京津冀地区腹地,与京津地区联系密切;环境承载力强,发展空间大,可承接京津地区产业 |
| 深圳中国特色社会主义先行示范区 | 2019 年 8 月 18 日 | 1 756.01 万人 | 1 997.47 平方千米 | 高质量发展高地、法治城市示范、城市文明典范、民生幸福标杆、可持续发展先锋 | 粤港澳大湾区城市的关键连接点、关键区域节点,与香港、澳门连接的桥头堡;深圳处于内外双循环交汇的重要位置,是连接大湾区海内外市场的枢纽 |

续表

| 功能性区域 | 设立时间 | 常住人口 | 面积 | 战略定位 | 区位优势 |
|---|---|---|---|---|---|
| 海南自由贸易港 | 2020年6月1日 | 867.15万人 | 3 540万平方千米 | 全面深化改革开放试验区、国家生态文明试验区、国际旅游消费中心、国家重大战略服务保障区 | "21世纪海上丝绸之路"的重要节点,中国面对太平洋和印度洋的重要对外开放窗口 |
| 浦东社会主义现代化建设引领区 | 2021年7月15日 | 568.15万人 | 1 210平方千米 | 更高水平改革开放的开路先锋、自主创新发展的时代标杆、全球资源配置的功能高地、扩大国内需求的典范引领、现代城市治理的示范样板 | 中国沿海开放带的中心和长江入海口的交汇处,倚靠长三角都市群、面向太平洋,交通便利,腹地广阔 |

资料来源:根据各地政府网站上的资料及战略规划文件整理。

表4.5 区域重大战略的相关介绍

| 区域重大战略 | 发展历程 | 主要范围 | GDP总量(2020年) | 功能定位 |
|---|---|---|---|---|
| 长江三角洲区域一体化发展 | 1982年提出长三角概念;2016年5月颁布《长江三角洲城市群发展规划》;2019年上升为国家战略 | 上海,江苏的南京、无锡、常州、苏州、南通、盐城、扬州、镇江、泰州,浙江的杭州、宁波、嘉兴、湖州、绍兴、金华、舟山、台州,安徽的合肥、芜湖、马鞍山、铜陵、安庆、滁州、池州、宣城 | 23.7万亿元 | 全国发展强劲活跃增长极、全国高质量发展样板区、率先基本实现现代化引领区、区域一体化发展示范区、新时代改革开放新高地 |
| 京津冀协同发展战略 | 2014年提出;2017年雄安新区设立进一步加强京津冀一体化概念 | 北京、天津、唐山、石家庄、承德、张家口、保定、廊坊、秦皇岛、沧州、邯郸、邢台、衡水 | 8.5万亿元 | 以首都为核心的世界级城市群、区域整体协同发展改革引领区、全国创新驱动经济增长新引擎、生态修复环境改善示范区 |

**续表**

| 区域重大战略 | 发展历程 | 主要范围 | GDP 总量（2020 年） | 功能定位 |
|---|---|---|---|---|
| 粤港澳大湾区建设 | 2015 年首次提出粤港澳大湾区概念；2019 年颁布《粤港澳大湾区发展规划纲要》 | 广州、佛山、肇庆、深圳、东莞、惠州、珠海、中山、江门和香港、澳门两个特别行政区 | 11.4 万亿元 | 充满活力的世界级城市群、具有全球影响力的国际科技创新中心、"一带一路"建设的重要支撑、内地与港澳深度合作示范区、宜居宜业宜游的优质生活圈 |
| 长江经济带 | 2005 年提出长江经济带概念；2014 年上升为国家战略；2016 年颁布《长江经济带发展规划纲要》 | 上海、江苏、浙江、安徽、江西、湖北、湖南、重庆、四川、云南、贵州 | 47.2 万亿元 | 生态文明建设的先行示范带、引领全国转型发展的创新驱动带、具有全球影响力的内河经济带、东中西互动合作的协调发展带 |
| 黄河经济带 | 2021 年颁布《黄河流域生态保护和高质量发展规划纲要》，上升为国家战略 | 青海、甘肃、四川、宁夏、内蒙、陕西、山西、河南、山东 | — | 大江大河治理的重要标杆、国家生态安全的重要屏障、高质量发展的重要实验区、中华文化保护传承弘扬的重要承载区 |

资料来源：根据各地政府网站上的资料及战略规划文件整理。

　　区域竞合的发展趋势也表明，不同战略功能性区域需要立足全局找准方向，推动实现特色发展。一方面，浦东要在中华民族伟大复兴战略全局、世界百年未有之大变局中谋划发展蓝图，在构建以国内大循环为主体、国内国际双循环相互促进的新发展格局中找准自身定位，以"四个放在""三个在于"作为战略基点，在危机中抢先机，在变局中开新局，在更加开放的条件下实现更高质量的发展。另一方面，浦东要发挥更大区域空间的有效引领、辐射和带动作用。上海已经成为长三角城市群的生产服务中心、资源配置中心、对外开放的门户和外资进入中国的桥头堡,上海在长三角一体化中的地位非常重要,是长三角一体化的节点城市,也是连接世界面向国际市场的重要门户,具有不可替代的作用。现阶段,长三角一体化已经进入快速发展的窗口期,上海、江苏、浙江和安徽在加强创新驱动、全面推动各领域的合作发展上已经形成高度共识。浦东应对长三角乃至国内其他区域,通过有效辐射和紧密连接,推动都市圈、城市群和区域联动发展,强化开放与协调理念的践行与共振,从而在国家区域发展战略中更好体现辐射、带动和引领作用。

### 4.2.3 上海全球城市建设持续推进,加快提升能级和核心竞争力

在全球化日益加深的今天,国际城市之间的竞争日趋激烈,上海目前的紧要任务就是致力于成为与纽约、伦敦与东京同级别的全球卓越城市。《上海市城市总体规划(2017—2035 年)》明确提出,至 2035 年把上海建设成为卓越的全球城市和社会主义现代化国际大都市,建成创新之城、人文之城、生态之城。全球城市不仅具有城市的基本属性,而且作为全球化的重要战略空间、全球城市网络的基本节点,发挥着全球资源配置的重大战略作用。目前,在全球城市发展中,伦敦和纽约在全球城市网络体系中处于领先地位,新兴经济体城市在全球城市网络体系中表现抢眼,亚洲城市与欧洲城市在全球城市网络体系中的重要性呈现一升一降态势。①

_____

① 上海全球城市研究院的《全球城市发展指数 2020》。

表4.6　主要全球城市各项指数比较

| 全球城市 | 综合排名 | 成长性<br>指数排名 | 要素流量<br>指数排名 | 网络连通性<br>指数排名 |
| --- | --- | --- | --- | --- |
| 伦　敦 | 1 | 6 | 1 | 2 |
| 纽　约 | 2 | 4 | 4 | 1 |
| 新加坡 | 3 | 5 | 3 | 4 |
| 上　海 | 4 | 1 | 8 | 5 |
| 香　港 | 5 | 7 | 2 | 7 |
| 东　京 | 6 | 10 | 6 | 3 |
| 北　京 | 7 | 2 | 7 | 6 |
| 巴　黎 | 8 | 19 | 5 | 8 |
| 首　尔 | 9 | 3 | 18 | 9 |
| 迪　拜 | 10 | 17 | 9 | 11 |

资料来源：上海全球城市研究院的《全球城市发展指数 2020》。

　　上海作为中国极具竞争力的国际大都市,在全球城市发展中已经取得了自己的一席之地。这座中国最大的经济中心城市迸发出令人艳羡的澎湃活力,先进制造业、战略性新兴产业突飞猛进,对外开放不断提速,整合国际资源的平台聚合能力首屈一指。现代服务业成为上海城市经济最核心的增长极,同时更是城市产业升级、功能提升的重要引擎,更体现出中国整体的国际竞争水平。但是,上海在全球城市建设中仍存在一定的短板。比如,对照纽约与东京,上海在服务业发展水平、行业准入限制及经济腹地的支撑方面则较为薄弱(袁志刚,2020)。

　　浦东是上海"五个中心"建设的核心承载区,是上海对内对外开放两个扇面的核心枢纽,必须努力建设成为上海"中心节点""战略链接"的主枢纽、主通道、主平台。在开放型全球城市网络构建、全球城市功能提升、超大城市治理方面,为上海全球城市建设提供更强动力和牵引力量。浦东拥有区域以上或全球性的金融交易中心、技术交易中心、电子商务中心，辅以浦东国际机场货邮吞吐量和洋山深水港的海运功能配套。这些功能性平台和配套是全球双边和多边交易的重要载体，应依托于此，把全球资源配置、科技创新策源、高端产业引领、开放枢纽门户"四大功能"做深做透，推动浦东经济的能级、结构、质量实现全方位提升，在全球经济网络的重构中占据有利身位，更好发挥王牌作用，提升全球资源配置能力、国际竞争力和影响力。

## 4.3　浦东引领区建设的瓶颈与挑战

浦东打造社会主义现代化建设引领区的大幕已经全面拉开，浦东应深刻认识肩负的重大使命、面临的重大机遇、承担的重大责任，加快把新蓝图、作战图变为实景图。对浦东以及上海来说，这是自浦东开发开放后又一件具有重要里程碑意义的大事，标志着浦东从前 30 年"开发区"到新 30 年"引领区"的新飞跃。对于中国而言，浦东这块试验田，将会在未来成为社会主义现代化强国的一个样本，也将会在全球范围产生巨大的吸引力。如今，随着外部环境和自身发展阶段的新变化，站在开发开放下一个 30 年新起点的浦东，如何谋定快动？当前，各地改革发展的步子都很大，百舸争流、不进则退，这就意味着浦东必须以更加强烈的紧迫感和危机感，不畏风浪、正视挑战、直面困难，当好排头兵，对照最高标准、最好水平，将改革开放进行到底，创造浦东新的历史，为中国特色社会主义现代化建设作出新的贡献。

### 4.3.1　浦东改革开放与引领区要求存在的落差

一是对新一轮国际经贸规则变革重构的应对能力有待提升。当前,世界正处于大发展大变革大调整时期,国际规则正发生深刻变化,全球正由"经济之争"转向"制度之争""规则之争",并引发全球产业链体系的分化和重构。多边、诸边与双边并行发展,但多边贸易体制对国际经贸规则重构的领导力在削弱,高标准自由贸易协定逐渐引领国际经贸规则的重构。这些新的国际贸易投资规则通过高标准的谈判方式,追求高水平的贸易投资自由化和开放度,对浦东推动高水平改革开放造成的影响不容忽视。尽管近年来浦东紧紧围绕制度创新这个核心,开展了一系列改革开放先行先试,但开放试验和制度创新与高标准贸易投资规则仍存在一定差距,尤其是对高标准经贸规则的压力测试不充分,先行先试效应不足,难以在这些领域为中国参与国际经贸谈判提供有力依据,而且现有贸易投资制度的设计主要是从价值链的单个环节出发的,而并不是从价值链全链条优化的视角出发的,因此难以对企业整体生产成本产生重组影响,制约了制度竞争力的提高。同时,尽管在金融开放创新方面已取得很大进展,但离资本项目可兑换和金融服务业开放的目标还有较大差距。此外,部分领域改革广度和深度需要进一步提高,如服务业开放限制仍然偏多,特别是在金融、电信、航运、商贸、专业服务、文化及社会服务等领域开放不够,服务业开放模式过于单一,部分服务业开放措施操作细节也有待健全。符合国际惯例的税制改革需要加快推进,离岸贸易税制与国际惯例差距较大。未来浦东必须抓住国家扩大开放的重大机遇,积极推进国际高标准贸易投资规则的改革试验，为中国参与全球经济治理和规则重构贡献力量。

二是改革创新存在路径依赖，成为高水平制度型开放的瓶颈。如今，中国改革正处于攻坚期与深水区，面临的国内外形势愈发复杂多变，很多新任务、新情况没有先例可循和经验可搬，遇到的改革阻力也越来越大。但是，"改革再难也要向前推进"，这就需要坚定信心、攻坚克难、凝聚共识，让有优势的地区走在前面、发挥引领作用，这也是浦东打造更高水平改革开放开路先锋的题中应有之义。浦东要破解改革瓶颈，关键在于以深化改革促扩大开放。过去改革开放的侧重点放在以开放促改革上，这是因为改革开放初期我们没有现成方案和足够经验，只能摸着石头过河，通过借鉴引入国外先进技术及经验管理模式等，以开放倒逼改革，从而推动国内相关事业的进步。但是在当下，中国改革开放已经迈入攻坚克难阶段，面对的国际环境也发生了明显变化，单边主义和贸易保护主义的盛行，使得过去的"拿来主义"推动改革的成效不再显著。持续有效的改革才是进一步扩大开放的重要条件。基于此，浦东必须瞄准更高水平改革开放这个目标，积极发挥引领作用，以基础性、根本性、全局性的重大改革措施，解决目前存在的一系列结构性、周期性、体制性问题，敢于触及深层次利益关系和矛盾，坚决冲破思想观念束缚，坚决破除利益固化藩篱，坚决清除妨碍社会生产力发展的体制机制障碍。

三是改革缺乏系统观念，前瞻性思考、全局性谋划、战略性布局较为薄弱。在浦东开发开放历程中，单项的、局部的改革措施能够起到事半功倍的效果，能够迅速打开改革开放的局面。但是随着浦东开发开放的深入，单项的、局部的改革措施早已尝试殆尽，其动能也释放得所剩无几，此时再遵循过去由 A 到 B 到 C 再到 D 的改革路径，成效势必大为缩减。而且，浦东面临一个较为现实的问题就是，已经进行改革的部分无法与其他还未改革的部分有效对接，改革效果会打折扣，甚至退回原始状态，因此有必要进行对 A、B、C、D 同时推动的集成式改革。正如习近平总书记对上海所期望的，要树立系统思想，注重改革举措配套组合，同时要强化上海自贸试验区改革同上海改革的联动、同上海国际金融中心和科技创新中心的联动，不断放大政策集成效应。因此，浦东应加强前瞻性思考、全局性谋划、战略性布局、整体性推进，从事物发展全过程、产业发展全链条、企业发展全生命周期出发谋划设计改革，牢牢掌握主动权，形成"1+1>2"的叠加效果。

四是改革攻坚与区级权限不相匹配，政府"放管服"改革难以纵深推进。从 20 世纪 90 年代的浦东开发开放，到 21 世纪初的综合配套改革试验区，到党的十八大后的自贸试验区和科创中心两大国家战略，再到当前推进社会主义现代化建设引领区，浦东始终有国家战略的加持，承担了最高层面的改革创新、突破攻坚的任务，挑最重的担子、啃最硬的骨头。但相比上海其他各区，浦东在区级部门数、行政编制数上都有很大差距，形成了"小马拉大车"的格局，很多部门在和上级主管部门的工作对接中要"一对多"，还不断承接越来越多的中央和市级事项，学习和适应过程越来越长。客观而言，浦东的区级能力、区级权限与中央战略高要求的匹配也越来越难。政府组织架构的不合理，更直接制约了浦东政府服务管理模式的创新。目前浦东的改革开放事业中，强势政府对市场的替代仍在一定程度上存在，需要更好处理政府与市场之间的关系。市场机制配置资源的决定性作用难以发挥,相关政府部门是经济领域的管理者,土地、资本、能源、人力资源等要素资源配置的权力大部分仍然掌握在政府手中,政府过度干预的现象依然存在。市场环境建设和多元化市场主体培育有待加强,国有企业活力不足、大而不强的问题仍然存在,公平竞争的市场环境尚未完全形成,民营经济和中小企业发展环境有待改善。浦东政府管理体制机制还需要进一步理顺,机构缺位或叠加,都加大了政府职能转变的束缚,开发区与镇之间区镇联动有待切实明确和加强,地域大、街镇多的特点使得大跨度管理难度较大。

此外,存在功能"高原多"与"巅峰少"的不均衡现象。在"五个中心"建设中,浦东引进培育了大量的基础设施和要素市场,对于强化"四大功能"形成了重要的基础支撑,在长三角乃至全国具有核心竞争力,也形成了亚欧大陆最美天际线。但相比于伦敦、纽约、东京、新加坡、香港等国际同类城市,在设计和组织的能级、功能上还有不小差距。比如,在金融要素市场规模和产品创新上不如纽约华尔街,在总部经济数量、质量上不如新加坡,在国际航运组织、航运金融产品上不如伦敦,在城市建设和管理的精细化、智能化程度上不如东京。还需要加大引进和培育力度,对标国际最高水平,营造更多应用场景,在持续强化"四大功能"中建设更多代表国际最高水平的功能"巅峰"。

### 4.3.2　浦东自主创新与引领区要求存在的落差

一是浦东科技创新能力实现快速飞跃,但基础创新能力仍有待提升。如图 4.1 所示,2010—2020 年,浦东专利授权数总体保持上升趋

势,尤其在 2014 年后基本保持连年上升态势,凸显浦东技术创新能力
的稳步提升。但从专利类型分布来看,科技创新能力尚未实现全面提
升,尤其在基础研究领域较薄弱。2012 年起,浦东外观设计专利比重
快速萎缩,实用新型专利的主要地位开始凸显,但发明专利的比重始
终未能有较大提升。基于《中华人民共和国专利法》对发明专利的定
义,发明专利包括产业发明、方法发明和改进发明,其所体现的创造力
和创新度高于实用新型专利。《中国基础研究竞争力报告 2020》表明
上海的基础研究能力整体较为薄弱,次于北京、江苏和广东,仅位列全
国第 4 名。因此,浦东发明专利比重较低一定程度上反映出专利的价
值和质量仍有待提高,基础性科技创新能力仍有较大提升空间。

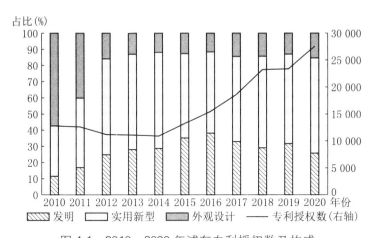

图 4.1　2010—2020 年浦东专利授权数及构成

资料来源:《上海浦东新区统计年鉴(2020)》。

　　二是创新要素的供需结构失衡,抑制科技创新能力飞跃。对于资
本要素而言,部分中小企业仍面临融资渠道有限、融资成本较高等难
题,中小微企业进行创新投入的意愿被抑制。科创板拓宽企业融资渠

道,但科创板上市企业聚集在战略性新兴产业,对基础理论研究的支撑作用较弱。浦东发布一系列支持中小微企业创新创业的支持政策,但存在方式较为单一、引导方向不够聚焦等潜在改善空间,需调动更多类型的金融机构、运用更多类型的金融产品,支持金融业和科技创新的融合。对于人才要素而言,高级人才紧缺的现象较为突出。战略性新兴产业的人才缺口较大,2019年"浦东新区人才紧缺指数调查"指出"六大硬核产业"存在人才紧缺现象,部分行业人才严重缺乏,如航天装备制造业、船舶制造业、医药制造业、互联网和相关服务业、保险业等,存在106个重度紧缺岗位。[①]高技能人才储量已形成一定规模,2020年上海籍高技能人才总量约为116万人,在技能劳动者中占比35.03%。[②]人才是推进科技创新活动的基础要素,留住人才方能真正激发创新要素的活力。浦东还需下更大功夫提升人才的留浦意愿,特别是解决生活成本较高这一障碍。在美世咨询公布的"2021年度全球城市生活成本排行榜"中,上海位列第6名,相较于2020年上升一个位次,是中国上榜城市中排位最高的城市,上海的生活成本高于首尔、纽约、新加坡等城市。

三是本土"领跑者"式创新主体匮乏,限制原始创新和根本式创新的输出。技术和知识密集型产业是科技创新的前沿阵地,浦东仍需加快培育或吸引龙头企业入驻。例如,在机器人制造领域,日本发那科、日本安川电机、瑞士ABB、德国库卡占据了中国工业机器人市场60%

---

① 《才聚浦东 筑梦未来|你是浦东在找的人吗? 2019年浦东106个岗位,人才重度紧缺!》,浦东新区归国留学人员联合会网站,2019年12月31日,https://www.paros.cn/index.php/2019/12/31/184/。

② 《上海高技能人才总量已达116万人》,《人力资源社会保障》2020年12月24日。

以上的份额。①浦东虽已聚集起一批涵盖工业机器人上下游的企业,但尚未出现可以抗衡的本土龙头企业。服务机器人领域在全球范围尚未出现龙头企业,浦东若能在这一领域出现"领跑者",或将带动浦东成为服务机器人产业的关键地带。引导资本的有序投入实现集聚,有利于引导高新技术产业偏离冒进式的不良竞争,发挥头部龙头企业的带动和引领科技创新的作用。同时,浦东顶尖院校集聚不足,上海的顶尖高校校区主要位于其他区域。2019 年,浦东拥有上海科技大学、上海纽约大学、上海海事大学、上海中医药大学、上海海洋大学、上海立信会计金融学院等 19 所高等院校,高等院校体系的层次性不足,顶尖高校的带头作用难以发挥。

四是创新的空间结构发展不均衡,空间辐射范围仍需扩大。一是浦东仍存在短板片区,空间结构发展不均衡。浦东已培育多个竞争力较强的片区,如张江、金桥、临港、外高桥等,这些片区已逐步形成自身的核心竞争产业和优势,但仍存在部分片区发展沉寂,创新网络中的重要程度仍存在进一步提升的潜力,还存在优势产业定位不明晰、创新要素集聚不足、片区间协作不足等问题,区域短板的提升将进一步激发浦东创新资源整合和流动的活力。同时,浦东和长三角其他地区的创新联系有待进一步加强。上海近年来积极推动与其他地区的协同发展,包括推动创新资源共享、加强创新合作等,共同搭建长三角国际技术创新中心、长三角科技资源共享服务平台等,但合作领域较为狭窄、合作深度仍需加强等问题依然突出,长三角区域深厚的要素基

---

① 　王萌:《中国工业机器人大步争先》,《人民日报海外版》2018 年 4 月 20 日。

础尚未在科技领域的协同中完全释放，浦东作为核心承载区的辐射带动潜力仍需进一步激发。

### 4.3.3　浦东资源配置与引领区要求存在的落差

一是陆家嘴区域内的金融市场在全球资源配置中的作用仍然有限。目前，境外金融机构虽然能够从有限的资本开放渠道进入金融市场，但受到的限制仍然较多，与真正意义上的资本项目开放仍有不小的差距。如果全球资本中只有一小部分有资格进入浦东，就很难说浦东已经具备了对全球资本的配置能力。比如，处于浦东的中国金融期货交易所，目前只拥有沪深 300、上证 50 等四种股指期货产品，2 年、5 年、10 年三种期限的利率期货产品，尚没有汇率期货产品。与之相对比，美国芝加哥商品交易所有股指期货、利率期货、外汇期货、能源期货、金融期货、农产品期货等完整的产品线，而且每类产品的品种齐全，如股指期货包括标准普尔 500 指数、纳斯达克 100 指数、富时 100 指数、日经 225 指数等全球主要市场指数，利率期货包括从 30 天到 30 年各种期限，汇率期货包括欧元、英镑、日元、澳元和离岸人民币等主要外汇的 73 种期货和 31 种期权合约。

二是总部经济和数字平台经济面临进一步升级的压力。目前，浦东的总部经济虽然在长三角乃至全国都处于领先水平，但仍然面临转型升级的压力，由于在跨境资金调配与外汇收付方面仍然存在一定的约束，在一定程度上会影响跨国公司资金使用的便利性，对跨国公司总部扎根浦东的信心造成一定程度的影响。数字平台经济则面临核心技术受制于人、移动通信基础技术较弱和人才缺乏等一系列问题。

　　三是技术创新和高端人才集聚方面与先进地区仍然存在差距。在基础研发能力方面,与先进地区(如北京)仍然存在交大差距。特别是在高水准的科研机构、基础研发投入和高端基础研发人才方面,与北京相比仍然存在差距,高新技术企业整体规模不大。在高端人才集聚方面,仍然存在引进政策门槛过高,缺乏足够的灵活性,人才招聘、考核及退出机制尚不完善等系列问题。目前,海外人才税费负担和生活成本较高,基本医疗保险体系缺乏跨国衔接的设计,外籍人士子女在沪教育费用较高;面向海外人才的公共服务不足,外籍人士在沪居留手续办理程序烦琐;外籍人士在组织社团、从事宗教活动方面的要求得不到充分满足的问题依然存在。

　　四是在资源配置和营商环境优化方面仍然存在提升空间。浦东的发展存在一些短板,主要体现在服务业发展水平、行业准入限制、经济腹地的支撑等方面。目前,浦东的硬件设施,包括交通、居住等条件较好,但在金融、咨询、信息、文化等服务业的效率上还存在一些差距。服务业的进入壁垒比较高,不利于服务业充分竞争和发展。相较于东京,浦东和周边地区的产业整合度还不够充分,产业同构现象比较严重。由于税收制度、户籍、金融体系等因素,中国在省际层面存在资本和劳动力流动的障碍,这阻碍了产能地区优化配置,不利于地区间功能性分工的形成,对浦东服务业集聚也带来了一定的限制。

### 4.3.4　浦东扩大内需与引领区要求存在的落差

　　浦东在扩大内需方面与引领区要求存在的落差,同上海整体消费领域的发展短板是相关的。

一是消费体量和国际化程度仍有待提高。有研究表明,上海国际零售商集聚度达 54.4%,位列全球第三位,国际高端品牌集聚度已超过 90%,中华老字号和上海老字号达 220 个,数量位居全国第一位。国内外各零售企业选择在沪开设首店的比例占全国的 1/3。但对标东京等国际消费中心城市,上海的消费品品牌丰富度欠缺,如东京有 10 万多种的消费品牌,而上海的消费品牌只有 2 万多种,"千店一面"让消费者出现审美疲劳。特别是,上海市场上缺乏在国际上叫得响的本土品牌或上海品牌,与国际顶尖消费中心城市之间的消费量存在显著差距。麦肯锡的一项研究报告显示,2015 年消费总量最大的 20 个大都市中的 11 个在美国,3 个在日本。2015 年,东京的消费量约为 1.3 万亿美元,其次是纽约(1 万亿美元)、伦敦(6 700 亿美元)、洛杉矶(6 250 亿美元)和大阪(5 690 亿美元),当年上海的最终消费额为 14 757.52 亿元(约 2 108 亿美元),即便拿 2020 年的最终消费额 15 932.5 亿元来算,也只有约 2 493.27 亿美元,与顶尖消费城市的消费量相比存在很大差距。从 2015—2030 年的消费增长情况来看,预计消费增长幅度最大的 5 个大都市分别是伦敦(3 670 亿美元)、东京(3 540 亿美元)、纽约(3 510 亿美元)、北京(3 000 亿美元)和上海(2 770 亿美元),上海位于顶级城市的最后一位。可见,扩大商品与服务的丰富度、品牌化,努力扩大消费总量,是上海建设国际消费中心城市面临的首要任务。

二是自有消费品牌尚缺乏应有的影响力。2018 年上海各类免税店销售额 130 亿元,其中市内免税销售额 6 亿元,占比 4.6%,但与韩国差距仍很大(2018 年韩国免税销售额达到 1 183 亿元,其中口岸免税销售额 220 亿元,市内免税店销售额 963 亿元,占比 81%)。"千店一面"让消费者出现审美疲劳,缺乏对国际游客的吸引力,上海的消费国际化水平不高。尽管上海品牌经济发展总体向好,但是仍然存在部分亟待解决的问题,这主要表现在现有品牌不足以满足不断更新的消费需求、自有品牌的竞争能力相对有限、渠道建设仍需加强等方面。首先,现有品牌经济的发展水平不能满足国际消费中心城市的需求。对标现有国际消费中心城市的品牌建设情况和国内的国际消费中心城市的建设目标,不难发现上海仍存在一定差距,尚不足与世界著名购物天堂相媲美。上海在高端品牌的集聚程度和规模等方面还存在不足,难以全面满足全球旅游者和消费者消费需求。其次,自有品牌竞争能力不足。上海自有品牌和国际高端品牌相比,在产品品质和竞争力上仍有差距。具有中国元素和上海特色的城市定制商品和高端定制品牌仍然较少;上海本土品牌的同质化竞争激烈,品牌发展生命周期较短,品牌推广平台建设仍然有所欠缺;老字号创新产品和销售模式较为有限,体制机制仍然相对落后。再次,产品和服务的品类与质量不能适应新形势下消费需求的转变。随着经济整体发展,人们的需求不断更新,对产品品质的要求不断提升。另外,新冠肺炎疫情对消费产生冲击,尤其影响零售、餐饮、住宿等行业,短时间内国内传统消费需求有所下降。同时,新冠肺炎疫情让人们的生产关系、生活方式发生变化,新的消费需求不断出现,生鲜电商、远程办公、线上金融、线上娱乐、线上医疗等在线新经济需求不断提升。最后,传统商品销售渠道亟待更新。传统零售行业具有渠道较长、成本较高、效率较低等特点,涉及较多层级的代理商、分销商等,企业难以直接和消费者、供应商之间建立联系。尽管在数字化转型升级过程中,销售渠道不断更新，但是仍存在一定问题。例如，在销售端，电商平台在流量和数据方面对实体商业的支持力度仍相对有限；在物流端，智慧商贸物流体系建设仍处于初级阶段，物流标准化体系仍不明晰，区域物流枢纽、转运分拨中心、社区物流配送网点（前置仓）、末端配送设施四级城市商贸物流体系仍需要不断完善。

三是商品进口贸易便利程度和市场监管仍存在不足。进口商品口岸检测时间长、流程较多，通关成本较高。部分产品的现行检验检查方法过于严苛，与国际市场惯例和通行标准不接轨，导致部分国际时尚商品不能及时上市。保税商品担保对企业现金流、管理流程压力过大，报关操作流程复杂，影响全球巡展类产品进入市场，进口商品易进难出，"保税展示"只展不销。从目前市场监管的体制来看，进口商品流通仍以属地化监管为主，但随着各地之间的市场主体联系和商贸流通日益密切，由此带来的监管信息不对称、沟通不及时，多头执法、重复执法和执法结果不互认，会对监管效率产生一定的不利影响。特别是随着新经济、新业态、新模式的兴起，对监管体制和监管方式都提出了新的要求，比如，针对平台经济的监管，平台注册地和实际经营发生地不同，更需要异地监管的协同。在目前的投诉与纠纷处理机制下，对平台型互联网企业的投诉与相关纠纷均集中至平台企业注册地处理。但从纠纷性质与内容的角度来看，直接与平台相关的投诉占比不高，大多数投诉内容为平台上用户与用户之间的经营纠纷，因此有必要推动商业经营户所在地的监管单位介入投诉处理流程。目前平台注册地监管单位在接到投诉时，尚不能直接转接经营地，对此需要通过进一步建立直接的转接机制，使得消费者可以直接向经营地监管单位进行投诉举报,有效提高纠纷解决的效率。此外,在协同监管体制机制和数据平台建设上也不够成熟,即使在长三角内部,系统化信息沟通平台也较为缺乏,各地监管部门并不存在统一的办公软件标准,根据自身情况选择的钉钉、微信等信息平台难以打通,监管部门使用上述信息平台跨区域移送线索及案件证据包时,存在一定的障碍。再者,跨区域监管也缺少统一的信用信息平台和信用体系标准,各地区、各行业的信用信息采集和信用平台建设标准各不相同,信用信息共享不够充分,不利于加强对企业的信用管理和针对性的监管。

四是辖区内以及全市范围内的消费设施设置结构不平衡。浦东及上海的消费设施设置结构不平衡,缺乏具有国际影响力、享誉世界的地标性商业中心。目前,上海商业设施建筑总量已达 7 600 万平方米,人均商业面积远超发达国家的水平,是东京的 3 倍。上海城市商业设施呈现区域发展不平衡的态势,部分郊区商业设施规模过剩、分布不均等问题较为突出。这主要体现在:第一,部分区仍存在明显的土地财政依赖。一些区政府对于土地出让收入和相关税收的依赖较高,由于住宅项目受调控管制无法上市,土地出让收入几乎全部为商办土地,导致商业综合体密集,但客流支撑明显不足,一些商业综合体销售额呈现负增长态势。第二,商业网点规划的法定性、权威性不强。比如,市商业主管部门在出让土地时,明确了商业、办公物业的持有比例和持有年限,但是一些区在实际操作中仍会突破。第三,对商业业态进行宏观调控的法律支撑不足。针对部分区存在盲目片面追求商业发展、破坏商业生态的情形,市级层面的宏观调控缺乏有效的法律支撑。比如,伦敦、巴黎等国际著名消费城市在郊区仅有一家奥特莱斯，而上海有青浦百联奥特莱斯和浦东佛罗伦萨小镇、奕欧来等三家，长宁百盛优客、杨浦东方商厦和上海国际时尚中心等定位为城市奥特莱斯。正是由此造成的商业设施分散化、不平衡格局，使得上海缺乏高价值、地标性的国际性商圈，现有南京西路商圈作为上海最具代表性的国际化商圈，与国际知名商圈差距较大，人均消费额不及纽约第五大道的 1/9，国际游客比例不及东京银座的 1/7。

五是多产业融合的消费新生态尚未形成。国际消费中心，不应只有购物一个着力点，而是要打造一个商业、旅游、文化、体育、会展等多个行业联动发展的有机整体，从而实现消费的规模效应和整体优势。上海早已引入 F1 上海站、上海网球大师赛、国际设计周等一批世界知名赛事、展览、艺术活动，但大型文化、体育等场馆与周边商业设施的联动性相对薄弱，大型文化活动、体育赛事的消费转化率不高。也就是说，目前只实现了产业活动的引进，而各产业间相互联动、相互促进的消费业态还未实现。根本原因在于：不少中心商业街区的产权情况较为复杂，商铺层层转租，产权相对分散，街区开发建设和招商运营脱节，难以实现统一规划管理。同时，缺乏统一的运营管理团队，在形态改造、业态提升等方面，难以进行统一布置和落实。

六是跨部门协同推进机制不够完善。国际消费中心城市建设中面临大量的跨界协调事宜，跨部门协同推进机制有待进一步完善。建设国际消费中心城市，是典型的"跨层级、跨部门、跨地域"的系统工程。调研发现，在城市商贸业发展的现实中，存在着大量需要跨部门、跨地域协调互动、紧密配合的事宜，有些区域"一照多址"试点企业"南瓜车"，在区内可实现一张营业执照、多个经营地址、一次行政许可，但在外区新开门店却碰到一些部门行政许可门槛,不得不重新申请设立一个分公司。还有一些国际化妆品牌商表示:国外化妆品新品一般需要 1—1.5 年才能在本地上市,大量时间耗费在进关、送检、技术审评、行政审批等程序上,流程走下来"新品变成淘汰品";商家请明星做营销活动,需多个部门审批,程序全部走完要"跑断腿"。目前,在"上海市国际消费城市建设领导小组"的领导下,由上海市商务委协调推动国际消费中心城市建设的相关事宜,面对面大量广的跨界协调事宜,因上海市商务委的权力有限、手段有限,致使跨部门协同推进成效不明显,在一定程度上延缓了上海建设国际消费中心城市的进程。

### 4.3.5　浦东城市治理与引领区要求存在的落差

一是面对各类挑战,浦东城市安全防范应对压力不断上升,任务更加繁重。浦东作为超大型城区具有复杂巨系统特征,人口、经济要素、各类建筑和重要基础设施高度密集,且传统风险、转型风险和新的风险复杂交织,安全管控更加艰巨。一方面,公共卫生安全风险对城市治理形成重大挑战。浦东作为中国最重要的海空港口岸所在地,境外货物进口、人员入境数量巨大,人员国内外流动频繁,面临着多种传染病威胁并存、多种影响因素交织的复杂挑战,突发公共卫生事件的风险较大,迫切需要进一步提升公共卫生安全防控能力。另一方面,城市运行安全风险量大面广。浦东地处东海、杭州湾北岸、长江口、黄浦江的汇合处,在全球变暖的背景下,未来极端天气增多的趋势明显,据气象预测,未来 20 年强降水发生日数和强度都呈现增加趋势,台风登陆频繁且强度更大。随着浦东城市建设加快推进,高层、超高层建筑和商业综合体不断增多,人口聚集流动性加大,大量长期高负荷使用的高层建筑、桥梁、地下管线等设施逐步老化进入风险高发期,各类风险隐患交织,应急管理难度增大。当前,面对复杂严峻的城市安全形势,浦东在建设符合超大型城区特点的应急治理体系方面还存在一定短板。一方面,城市安全统筹协作机制有待强化。应急管理的统筹协调能力不足,存在条块分割、资源整合不足、信息沟通不畅等问题,需要进一步在强化多部门高效协同机制上下功夫。风险防控能力不足,动态感知和监测预警能力有限,隐患排查治理不够深入。另一方面,应急救援体系建设实效需要提升。一些应急预案流于形式,衔接性与精准性不高,接受实战检验不足。应急力量建设还存在短板,基层应急救援队伍相对薄弱,驻区部队、民兵队伍及社会救援力量尚未完全纳入区应急救援体系,亟须在应急综合救援体系实战化、精细化建设上持续下功夫。

二是当前经济下行压力加大,不确定性、不稳定性增加,导致浦东财政增收和公共服务支出压力加大,并给促进就业和缩小收入分配差距带来一定挑战。未来一个时期,全球经济环境将更为严峻复杂,中国经济增速下行的压力进一步增大。浦东是高度国际化的城区,外部经济环境的巨大变革和高度不确定性将给其经济带来更大的影响,由此产生一连串连锁反应和传导效应,给城市治理带来巨大挑战。首先,财政收支压力加大,扩大公共服务支出面临困难。随着中国经济增速持续下行压力加大和减税降费深入推进,财政收入会受到一定影响。从浦东的情况看,财政收入经历多年高速增长后,亦呈现增速放缓态势,预计未来一个时期将持续低位运行,但财政支出仍将保持较快增长,尤其是民生保障刚性支出加大,财政收支矛盾日益突出,一定程度上会影响民生和公共服务的可持续发展。其次,经济增速下行导致就业压力加大。近年来,随着国内外经济环境的变化和企业战略的调整,一些跨国公司逐步将劳动密集型环节向东南亚地区转移,并将部分核心业务回归本土,同时浦东加快产业结构转型升级步伐,这种结构调整和转换可能增大结构性失业的压力,尤其是中低收入群体的失业风险可能上升,需要予以高度重视。再次,收入分配差距扩大,实现共同富裕难度上升。随着人口规模不断增大和人口结构日益多样,社会群体也将呈现多元化特征。浦东作为现代化大都市的发达城区,既有跨国公司和金融机构高管、民营企业家、专业机构人才等高收入阶层,又有普通蓝领、农民工、出租车司机等中低收入阶层。在经济增速下行压力加大的背景下,未来浦东收入分配差距可能会有所拉大,相比全国其他地区来说,实现共同富裕目标的难度更大。最后,民众预期不稳定,给城市治理带来复杂影响。由于经济增速的趋势性下滑、收入分配差距拉大等因素,部分民众的发展预期不足,焦虑、悲观情绪显现,获得感下降。比如,在居住方面,面对持续高企的房价,许多青年人靠薪资收入难以实现拥有一套住房的梦想,对自己社会地位的评价呈下移趋势。这种预期的不稳定会使得人们产生焦虑不安、悲观失望的情绪。如果不加以有效引导,长期淤积的结果将给城市治理带来消极因素。

三是浦东"强政府、弱社会"现象仍在一定程度上存在,基层自治能力有待提升,社会组织发展尚需加强,多元共治局面仍未完全形成。政府、市场和社会清晰定位、良性互动,是城市治理良好运转的根本保障。尽管浦东近年来在这方面取得很大进展,但政府仍然承担了大量可以由市场和社会组织承担的事务,直接影响了社会活力的释放。在一些领域中,政府大包大揽的思维惯性仍较明显,多元主体参与不足,与城市整体发展的要求不相适应。一方面,基层社区自治水平有待进一步提高(吴苏贵,2019)。近年来,浦东不少街镇都涌现了一批居民自治的典型案例,但总体上制度化、规范化水平仍需提高,居民主动参与自治的氛围还未形成。目前,大部分居民区尚未形成清晰的自治事项清单,而且启动自治议程也比较复杂,导致在实践中居民参与公共事务远远不足。如在"美丽家园"建设中,一些社区钱没少花、活没少干,但由于没有充分征求居民意见,居民仍然不满意,甚至出现"干部拼命干、群众冷眼看"的尴尬。同时,居委会"行政化"倾向仍未完全消除。比如,虽然政府部门要求居委会盖章证明的情况已很少发生,但一些单位仍要求居委会盖章背书,如银行要居委会证明客户丢了存折,医院要居委会证明病人的家庭困难等。又如,为提升基层工作效率,上海已逐步推广电子台账,但部分单位在检查时仍要看纸质台账,导致居委会不得不准备纸质版、电子版两套台账,反而增加了负担,并且有的平台信息不能共享,存在重复录入现象。另一方面,社会组织发育仍然较为薄弱(陶希东,2020)。当前浦东社会结构日益多元、居民需求日益多样,仅靠政府力量难以满足,必须依靠社会组织共同参与。但是,目前社会组织普遍面临生存压力巨大、人才缺乏等问题,"小、散、弱"特点突出,难以真正成为提供多元化服务的有效主体。社会组织往往更多承接社区养老等公共服务,被动等待街道推出项目,而深入居民主动发现需求、推出创新项目的能力不足,对解决社区难点问题发挥的作用不够。同时,政府购买社会组织服务的竞争格局尚未完全形成,属地保护现象较为普遍,如在竞标中跨区域中标的社会组织比例偏低,不利于促进社会组织健康发展。

四是浦东城市精细化管理不断加强,但向纵深推进仍需加大,法治化、标准化、智能化、社会化程度尚待提高。近年来,浦东在加快推进城市精细化管理、改善市容市貌上取得了明显进展,但仍存在一些问题,比如,作为"牛鼻子"的"一网统管"数字化平台建设有待进一步深化,市容环境整治成果有待巩固和提升。与打造引领区的要求相比,尚未完全形成适应超大型国际化城区特点、达到中国典范高度的城市管理精细化体系,需要持续加大推进力度。第一,"一网统管"数字化平台建设有待深化。"一网统管"平台坚持以数字化转型为牵引,目前体系架构已经确立,但适应数字化最新趋势的管理服务模式创新和业务流程再造有待深入。政府部门数据共享有待深化,各个业务系统还没有完全打通,数据汇聚和整合存在采集不规范、标准不统一、更新不及时等问题。各部门之间信息不能互联互通,有些部门难以通过其他委办局获取数据,不得不向居委会下达任务重新统计,导致基层负担加重。城市治理场景建设尚需深化,对城市部件和城市动态等城市生命体征的掌握还不够,针对管理难点的场景开发数量和深度有待提升。第二,城市精细化管理的长效机制有待进一步健全。对于城市管理中久治不愈的难点顽症,要求借鉴国际先进城市的做法,从体制、机制、政策等层面采取针对性措施。但是,在现行体制框架下,城市规划、建设、管理等各环节尚未形成有机协同与贯通,综合执法与行业执法的关系仍需深入梳理。城市管理的相关法规规章仍存在监管空白或已不适应新的要求，需要进一步修订完善。尽管城市管理标准规范不断健全，但编制水平与国际一流还存在不小差距，且建设标准与管理标准之间缺乏呼应衔接，部分管理标准存在"一刀切"问题，不能完全适应浦东区域差异大、情况多样的特点。第三，城市管理与市民群众日益增长的需求仍有差距。城市管理与人民群众切实利益和直接感受密切相关，当前群众已经不再满足于基本服务，而是要求更加良好的城市面貌和环境质量。对照这一要求，浦东在城市精细化管理上还存在差距。比如，在"三个美丽"推进中，从市容市貌角度出发的景观美化相对较多，集中整治行动比较多，但对功能性便民设施与环境建设的考虑有待加强，对长效管理机制的探索还不够，如缺乏设施适老化改造和无障碍环境建设的系统规划，城市管理中的人文关怀尚需加强。又如，在公共交通方面，这些年有了很大进步，但同时市民群众的需求也在提高，不仅要做到准时、便捷，还要提高舒适度。城市管理必须顺应市民呼声，在精细化和提高服务质量上下更大功夫。

五是浦东公共服务和治理的区域差距仍然较大，尤其是快速城市化地区和大市镇资源配置不足，一体化尚需深化。浦东面积较大，过去发展重心主要集中在北部，尤其是陆家嘴、金桥、张江等地区，这些地区集聚了大量高端产业项目和优质公共服务资源。随着最近几年临港新片区加快建设，南部地区的许多重量级项目和优质资源加快导入，面貌不断改善。但相比之下，其他地区的公共服务和城市治理资源存在较大差距，尤其是在人口大量集聚的快速城市化地区和大市镇表现最为明显，亟待加大均衡化发展力度。一方面，城市治理力量配置区域不平衡问题突出。浦东发达区域与郊区力量配备不平衡，郊区一线普遍缺乏管理执法力量，无法满足实有人口的治理需求。虽然近年来推行了镇管社区，通过设立基本管理单元，加强城郊接合部大型居住区的管理。但随着人口的快速导入，原有管理力量明显捉襟见肘，尤其是公安、城管力量更显不足，易于造成突出问题回潮。例如，有的大型居住区已入住五六万人，但仅实配公务员和社工十余人，公安和城管队伍配备也远远不足，难以应对巨大的管理压力。另一方面，公共服务的区域差距较大。浦东基本公共服务的公平性有待改善，优质服务资源主要集中在北部，还存在较为明显的城乡差别、区域差距问题。以基本公共卫生服务为例，北部和中部每千人拥有的医疗机构床位数和技术人员数差距很大，中部几个镇居民群众要看病需要花费较多时间往返奔波。部分基本公共服务的可及性也有待增强，如郊区大市镇的公共服务覆盖半径相对过大，与城乡一体化的要求不相适应。

六是碳达峰碳中和战略给浦东低碳绿色发展提出更高要求，需要进一步加大推进力度。中国已向国际社会庄严承诺，将全面加大低碳发展力度，二氧化碳排放力争于 2030 年前达到峰值，努力争取 2060 年前实现碳中和。上海已制定全市碳排放达峰行动计划，着力推动电力、钢铁、化工等重点领域和重点用能单位节能降碳，确保在 2025 年前实现碳排放达峰，比全国目标提前五年。这些都对浦东加快推进绿色低碳转型提出了更高要求，要求浦东率先在低碳发展、节能降耗上取得更大突破。但是，从浦东的现状看，如期实现碳达峰的任务还十分繁重。尤其是目前碳排放总量大、强度高，低碳转型任重道远。从能源品种看，目前碳排放主要来自煤炭和石油消费，合计占比在 80％

左右,其中石化、航空、水运等行业的碳排放量占了较大比重。并且受资源禀赋的限制,浦东乃至上海在能源结构调整上受到诸多制约,风电、光伏发电自然条件不占优势,场址紧缺,开发成本较高,这些都对本地可再生能源的规模化发展造成了制约。除此以外,污染减排压力也较为突出,目前主要污染物排放总量仍维持高位水平,交通需求刚性增长导致移动源污染物排放占比持续走高,以 PM2.5 和臭氧为代表的复合型污染特征明显,大气主要污染物因子处于临界超标水平,部分河道在雨季存在局部性、间歇性水质反复。这些都要求浦东在未来一个时期全面加大低碳绿色发展力度,持续推动节能减排降碳取得显著进展。

# 第5章 浦东社会主义现代化建设引领区的基础条件

　　"十四五"时期,中国进入全面建设社会主义现代化国家的新发展阶段。国内外形势复杂多变,许多新任务新情况都没有先例可循,亦没有现成的经验可以照搬,这就需要有优势的地区走在前列、形成引领。党中央支持浦东打造社会主义现代化建设引领区,既是对于浦东开发开放成功实践的充分肯定,又是对浦东开拓奋进创造新的发展奇迹的莫大期许,具有重大的里程碑意义。30多年来,浦东已经从过去以农业为主的区域,变成了一座功能集聚、要素齐全、设施先进的现代化新城,在内外开发、经济能级、城市功能及社会发展等方面实现了历史性跨越,不仅成为中国改革开放和创新发展的标杆,为新时期中国社会主义现代化建设及国家重大战略部署的落实提供了宝贵经验,也为浦东更高水平改革开放、打造社会主义现代化建设引领区打下了重要基础。

## 5.1 浦东社会主义现代化建设引领区的历史演进

### 5.1.1 浦东开发开放战略的酝酿与准备

浦东开发开放从地方战略构想上升为国家重大战略决策,是时代机遇和现实需求结合的产物。20 世纪 80 年代,随着冷战状态的结束及东西方关系的缓和,相对和平的国际局势为各国经济和科技的迅猛发展创造了稳定的外部环境,全球产业结构及分工迎来重大调整,经济全球化趋势日渐显现。与此同时,中国在改革开放的推进下,国民经济开始进入全新的发展阶段,重大历史机遇期已然到来。但是 80 年代末,世界社会主义以及中国特色社会主义事业遭受前所未有的挑战,西方世界对中国实行了一系列舆论攻击和经济封锁。面对这一历史关头,中国亟待向世界展现更大范围、更高层次改革开放的决心与信心。1989 年 6 月,邓小平在同中央负责同志谈话时明确提出,"要把进一步开放的旗帜打出去",以消除国际社会的疑虑和封锁。而 80 年代初的上海,由于自身发展带来的资金短缺、资源匮乏、城市基建落后及产业结构单一等制约,经济增长连续多年低于全国平均增长速度。

为发挥国际市场功能并从地理区位、对外资吸引力、疏解市区等方面综合考量,上海提出开发浦东的构想。从 1984 年到 1990 年初,上海历届市委、市政府制定《关于上海经济发展战略的汇报提纲》《上海市城市总体规划方案》,并上报《关于开发浦东的请示》,随后浦东开发在党中央、国务院支持下逐步确立了其在上海摆脱发展困境中的核心战略定位,而更为重要的是,浦东开发也契合了当时强化国家对外开放形象的现实需求。1990 年初,邓小平明确表示支持浦东开发,并将其作为中国进一步对外开放的重要部署。自此,从上海地方的发展构想到国家层面的战略决战,浦东开发开放的帷幕正式拉开。

## 5.1.2　浦东开发开放战略的快速推进

1990 年,中央宣布开发开放浦东决策,肩负着探索社会主义市场经济历史使命的浦东步入快速发展轨道,大规模推进软硬件环境建设。该阶段的主要任务是彻底改变浦东几乎空白的发展面貌,全面推进各项建设。1993 年 1 月,浦东新区党工委、管委会挂牌成立;2000 年 8 月,浦东新区正式建政。

在基础设施建设方面,成立陆家嘴、外高桥、金桥三个开发公司,投资 250 亿元开展以交通、能源和通信项目为主的"八五"计划第一轮十大基础设施工程及各项配套设施建设,又在"九五"期间投资 1 000 亿元开展以"三港二线"为标志的新一轮十大基建工程,杨浦大桥、南浦大桥、外高桥港区、浦东国际机场、轨道交通 2 号线、外环线及世纪大道、东海天然气工程等先后建成投入使用。截至 2000 年,浦东城市化率约达 56%,实现了从基础型向枢纽型的基础设施重大跨越。

在功能开发方面,在中央一系列税收、投融资及项目审批支持政策的促进下,浦东从开发区管理体制调整为城市化成熟区域管理体制,保障各种区域功能开发以支撑整个浦东开发开放。陆家嘴金融贸易区、外高桥保税区、金桥出口加工区及张江高科园区纷纷落成,并由这些功能区先行先试体制改革,推行土地、资金、劳动力等要素市场化的发展模式。在土地方面,率先全面推行土地使用权有偿转让,探索形成了政府规范土地一级市场、放开搞活土地二级市场的"资金空转、批租实转、成片开发"的开发模式。在资金方面,利用土地批租收入、财政信贷支持,综合使用发行债券和举借外债、组建股份公司吸收社会资金、国家有关部门参与部分项目投资等多元方式。在征地劳动力安置方面,形成市场主导的"铁保障、泥饭碗"就业安置机制,统一办理养老和医疗等社会保障,提供就业培训,市场化就业。伴随着浦东对外开放领域重点从一般生产加工到服务贸易的扩展,先进技术和管理模式大量引进,上海产业结构呈现高级化、集约化发展态势,功能开发成效凸显。

在城市功能方面,在中央和上海市的支持下,人民银行上海总部等金融机构,上海房地产交易中心、上海粮油交易所、上海产权交易所、上海人才市场等要素市场,西门子、汤臣、泰华银行、八佰伴、阿尔卡特等跨国公司地区总部,以及上汽和宝钢集团等内资企业集团总部,陆续落户浦东。同时,延安路隧道免费通行、"蓝印户口"等配套政策,也促进了人口的东进和浦东居住、消费功能的培育。

### 5.1.3 浦东开发开放战略的全面深化

步入 2000 年,新世纪意味着新起点、新希望。党的十六大报告提出,"鼓励经济特区和上海浦东新区在制度创新和扩大开放等方面走在前列"。这一阶段,中国加入 WTO、上海筹办世博会带来重大机遇。一方面是中国入世之后亟待建立与 WTO 规则一致的市场经济运行机制,另一方面是筹办世博会对综合性、多功能、现代化城市区划提出了要求,浦东从综合配套的改革试点、区域整合、整体开发三大方面不断完善基础设施和城市功能。

一是 2005 年浦东率先开展国家综合配套改革试点。中国入世,标志着中国进一步融入全球经济运行体系,国际化倒逼市场化改革,要求接轨国际规则,完善市场经济运行体制机制。2005 年 6 月,浦东获批率先开展综合配套改革试点。中央各部委在浦东开展 21 项改革试点项目,上海市为浦东拟定涉及六大方面 60 个具体改革事项的三年行动计划,在各方指导支持下,浦东先后推行 40 余项改革措施,在体制机制法制方面扫除障碍。浦东立足"三个着力"要求,围绕着力转变政府职能,开展了"一门式"审批服务机制,企业注册登记工商、税务、质监"三联动"改革,"告知承诺"审批制,外商投资企业并联审批,行政审批与技术审批分离等改革试点;围绕着力转变经济发展方式,开展了跨国公司外汇资金管理、跨境贸易人民币结算、融资租赁业务创新、期货保税交割、进口无纸化通关、启运港退税、水水中转集拼、知识产权质押融资、中小企业融资银政合作等创新实践;围绕着力转变城乡二元结构,开展了剥离街道招商引资职能、教育"管、办、评"改革、全科医生家庭责任制、创新社会组织培育机制、镇管社区、村级基层自治制度等改革试点。

二是 2009 年将南汇区正式划入浦东新区,浦东的面积达到原来的两倍多,为 1 210.41 平方千米,在更大空间内助力浦东围绕上海国际经济、金融、贸易、航运"四个中心"打造核心功能区,促使浦东开发能量向周边辐射。上海中心、上海船厂地块等一批功能性项目加快建设,跨国公司总部机构快速集聚,迪士尼、商用飞机研发与总装制造、通用汽车设计与工程技术中心等高端产业项目落户浦东，浦东机场综合保税区封关并正式运行，国家蛋白质科学研究上海设施项目等一批国家级科研项目开工。此后仅用一年，浦东的 GDP 就达到了 4 707亿元。

三是为开发浦东整体功能，迎接世博会，"十一五"期间浦东投入1 500 多亿元，加快完善功能性、枢纽型、网络化的基础设施体系，完成深水港、航空港、越江工程、轨道交通等一批重大基础设施建设，初步形成融入上海、面向世界、辐射长三角的基建网络体系。利用世博效应，浦东开发不断深化拓展，实现了从重点园区开发到全区范围内的综合功能开发，从生产功能开发到生产、生活、生态功能的整体开发，从城市地区开发到城乡发展一体化开发等三方面跨越，形成了包括电子信息、成套设备、汽车及生物医药、新能源、民用航空等的"三大三新"产业发展格局。上海光源、上海超算中心等重大科学设施开建。上海科技馆、东方艺术中心、中国航海博物馆、浦东图书馆、源深体育中心等功能性民生项目建成。

### 5.1.4 浦东开发开放战略的创新转型

党的十八大标志着中国特色社会主义进入了新时代，浦东开发开放也进入创新转型的发展阶段，全面深化改革、深度接轨国际，改革和开放联动互促，实现了 GDP 过万亿元和人均 GDP 过两万美元的重要突破，地区生产总值、社会消费品零售总额、商品销售总额、规模以上工业总产值、规模以上服务业总产值、全社会固定资产投资、实到外资、外贸进出口总额等八个主要经济指标快速增长。早在 2007 年

3月,时任中共上海市委书记的习近平同志在浦东调研时强调:第一,浦东带动上海实现历史性大跨越,已经成为中国现代化建设的缩影以及改革开放的窗口;第二,要从国家战略的高度来深刻认识浦东开发的战略意义,增强做好改革开放排头兵的自觉意识;第三,要着力推进浦东开发开放的综合配套改革,充分发挥浦东的示范带头作用与核心功能作用。2010年9月,时任国家副主席的习近平同志在浦东调研时指出,对于浦东开发开放来说,增加一些经济总量固然是好事,但是浦东开发开放的意义不仅限于此,而在于发挥浦东的窗口作用和示范意义,在于敢闯敢试、先行先试,在于排头兵、试验田的作用。

2012年以来,以习近平总书记为核心的党中央对上海作出了一系列重要指示,要求上海当好全国改革开放排头兵、创新发展先行者。上海市委要求浦东当好排头兵中的排头兵、先行者中的先行者,勇当新时代全国改革开放和创新发展的标杆。面对新时代使命,浦东充分发挥开发开放的示范引领作用,加快推进自贸试验区、科创中心等国家战略落地落实,提升创新能级,掀起新一轮发展热潮,加快推进上海国际经济、金融、贸易、航运、科技创新"五个中心"建设。金融机构集聚效应进一步增强,金融科技等业态持续发展,金融风险防控能力同步增强,金融国际化水平进一步提升,资本、期货市场等规模保持全球前列,沪港通、上海保险交易所、上海黄金交易所国际板、上海国际能源交易中心等开通运行,中国信托登记公司、金砖国家新开发银行等机构落户运营。陆家嘴金融城知名度和影响力显著提升。航运枢纽功能进一步加强,集装箱吞吐量连续多年位居全球第一,亚洲船级社、中国贸促会上海海损理算中心等高端航运功能性机构相继落户,航运经纪、海事服务、船舶融资、航运保险加快发展。贸易进一步转型升级，服务贸易增长快于货物贸易，转口贸易、离岸贸易、跨境电商等快速发展。跨国公司总部数量持续增加，功能不断升级，投资、运营、销售、结算中心作用显著提升。

2013年9月，浦东以中国（上海）自由贸易试验区建设为引领，按照大胆试、大胆闯、自主改的要求，围绕制度创新，对标国际最高标准、最好水平，并为其赋予更大改革自主权。在投资、贸易、金融、事后事中监管等领域开展的120多项制度创新成果向全国复制推广，为中国构建开放性经济新体制探索新途径，积累新经验。其中，以负面清单管理为核心的外商投资管理制度，自2013年首次发布到目前最新版，历经多次瘦身，极大促进了法制化、国际化、便利化的营商环境的营造。实施国际贸易"单一窗口"管理制度；深化商事登记制度改革，推进"证照分离"改革试点，创新推出的"一业一证"上升为国家级改革；建立本外币一体化运作的自由贸易账户制度，不断拓展账户功能；确立适应更加开放环境和有效防范风险的金融创新制度；确立以规范市场主体行为为重点的事中事后监管制度，构建市场主体自律、业界自治、社会监督、政府监管"四位一体"的事中事后监管格局，以及"双告知、双反馈、双跟踪"和"双随机、双评估、双公示"的"六个双"政府综合监管机制；建立分类综合执法新体制，率先开展市场监管、知识产权、城市管理领域的综合执法改革试点。2019年8月，又新增临港片区作为自贸试验区新片区，致力于产业能级提升，促成新时代改革开放又一重要支撑，带动上海对接国家"一带一路"建设与长江经济带建设，发挥辐射及带动作用。

2015 年,张江国家自主创新示范区开展与上海自贸试验区"双自联动"建设,为创新政策叠加、体制机制共用、服务体系共建提供了机遇,推动科技创新与产业发展深度融合。上海光源二期、超强超短激光实验装置、活细胞成像平台等一批重大科技基础设施落地浦东张江地区。完成张江科学城规划编制和提质扩区,启动一批城市功能配套项目。科技成果转化机制不断完善,创新实施药品上市许可持有人制度和医疗器械注册许可人制度。建立张江跨境科创监管服务中心,设立中国(浦东)知识产权保护中心。成立浦东新区海外人才局,制定发布浦东新区提高海外人才出入境和工作便利度的"九条措施",放宽外国留学生直接就业,试点人才办事窗口"无否决权"改革。中国芯、创新药、智能造、蓝天梦、未来车、数据港"六大硬核产业"集聚发展,发挥科技创新中心核心功能区效能。"跨国企业联合孵化模式"对全球优秀创新因子发挥虹吸效应,吸引了一大批知名跨国公司总部和研发中心落户,全力推动上海科创中心建设。

经过 30 多年的发展,浦东以当好改革开放的排头兵、创新发展的先行者为使命,开发开放战略不断迈上新的台阶,经济规模质量不断实现新的突破,全球资源配置能力得到显著提升。2020 年 11 月,习近平总书记在浦东开发开放 30 周年庆祝大会上明确提出,要立足于"两个大局",研究制定支持浦东高水平改革开放的战略意见,推动浦东打造社会主义现代化建设引领区。2021 年 7 月,《中共中央国务院关于支持浦东新区高水平改革开放打造社会主义现代化建设引领区的意见》正式公布,标志着浦东立足新发展阶段,肩负起新使命,踏上了更高水平改革开放的新征程。

## 5.2 浦东社会主义现代化建设引领区的经验积累

### 5.2.1 立足国家战略,勇挑改革开放排头兵历史重担①

20 世纪 90 年代初,党中央、国务院将浦东开发开放作为中国进一步对外开放的重要部署,给予浦东一系列政策支持,涉及基础设施建设、对外开放投资、税收、土地等方面。在国家的战略要求和政策支持下,从一个到一群,一场精彩的浦东开发开放大戏拉开序幕,浦东成立了全国第一个金融贸易区、第一个出口加工区、第一个保税区、第一家证券交易所等,这深刻体现出浦东在改革开放中作为"排头兵中的排头兵"的担当。然而,要当排头兵也意味着勇气与探索,在突破发展瓶颈、探索综合改革新路径时,浦东需要有攻坚克难的执行力。在此过程中,浦东积极探索、科学决策,开创了土地对外批租、土地二级运转及国资开发公司与园区模式,通过生产要素的开发,善用活用外商外资,激活城市快速开发活力。

进入 21 世纪后,中国改革开放向更深层次发展,党中央再次做出一系列重要指示,要求浦东继续当好开路先锋,精耕服务国家战略的试验田,发挥示范引领的作用。浦东结合新世纪新形势,率先开展系统性、配套性改革,向国家争取成为首个综合配套改革试点,并提出不要政策、不要项目、不要资金的"三不"原则,探索体制创新和扩大开放

---

① 王玉:《而立浦东再出发 | 走在开放最前沿 迈向改革深水区》,东方网,2020 年 11 月 9 日,https://j.eastday.com/p/1604890816021695。

的全新发展思路。

党的十八大以来,浦东又承担起国家首个自贸试验区建设,被视为中国新一轮改革开放的标志性试点,配合首个综合性国家科学中心建设,探索出一批可供复制推广的制度性成果。2018 年,中国改革开放 40 年,面对发生深刻复杂变化的国际政治经济形势,习近平总书记发出改革开放再出发的动员令,浦东开发开放站在了新的起跑点。在更大力度的支持与赋权保障下,浦东全力开展产业能级、项目投资、功能优势、土地效益、服务效能"五大增倍行动"。特斯拉落户临港是全球外资进入存量时代后,浦东开放走向新的阶段的重要标志。这一系列实践和创新为新时代中国特色社会主义经济建设及国家重大战略部署源源不断地提供"浦东经验"。

### 5.2.2　对标国际一流,打造具有全球影响力的经济增长极

浦东是上海的浦东,也是中国的浦东,既要代表上海这个国际大都市参与全球城市竞争,也要体现中国参与全球竞争的一流水平。为此,浦东始终站在开发开放的前沿,当好全国改革开放的排头兵,同时坚持追求世界一流,对照国际最高标准、最好水平,主动引领经济全球化健康发展。20 世纪 90 年代初,面对经济重心向亚太地区转移的趋势,中国选择将上海作为与国际一流城市对话的代表,浦东由此也就成为重要开放、发展平台,参与全球合作与竞争,在上海"五个中心"建设方面发挥核心作用,努力打造具有全球影响力的经济增长极。

上海自贸试验区作为浦东对标世界最高标准、迈向对外开放新高地的综合改革试验区,在更高层次上发挥先行先试的作用,积极推动

贸易和投资自由化、便利化。从负面清单精简到证照分离试点再到自由贸易港探索的制度创新，上海自贸试验区坚持对照最高标准、最好水平，形成以负面清单管理为核心的外商投资管理制度、以贸易便利化为重点的贸易监管制度、以服务实体经济发展为目标的金融开放创新制度、以适用开放型市场经济为导向的政府事中事后监管制度四大方面保障，为中国构建开放型经济新体制积累了宝贵经验。同时，面对近年来国际逆全球化潮流，上海自贸试验区交出的中国方案更致力于引导新一轮全球贸易投资规则体系的构建，成为坚持全球化的样本。

此外，浦东在上海金融中心、航运中心、科创中心建设中也坚持与全球最高标准对接。举措包括建成与国际上金融市场体系相当的种类完善、功能发展、国际资源配置能力强大的金融中心核心功能区，推进与国际接轨的航运制度改革、持续优化航运营商环境，打造具有全球影响力的科技创新中心，形成国际领先的科技产业化和人才保障的发展环境等。浦东开发开放的大胆尝试，为营造国际一流营商环境奠定了坚实基础，不仅能够稳定市场预期、释放市场主体活力，更有助于吸引外资并提升中国经济的国际竞争力。

### 5.2.3　注重引领带动，服务长三角区域经济转型升级

浦东开发开放是面向国际高水平的对外开放，也是引领和辐射上海、长三角乃至全国的对内开放。浦东围绕国家区域发展的总体战略，坚持更好地服务长三角、服务长江流域、服务全国。20世纪90年代初，党中央要求以浦东开发开放为龙头，进一步开放长江沿岸城市。

2018 年,已发展成为长三角城市群标杆的浦东,以更大的力度推进长三角一体化发展。浦东始终与兄弟地区共享产业升级、制度创新与扩大开放等方面的改革发展成果,在更大区域空间内释放开发开放红利。

浦东开发开放具有窗口作用和示范意义,显著带动了长三角区域经济转型升级及对外开放深化。一方面,促进长三角地区产业结构的调整和优化。浦东通过产业园区的转移与承接,将相对成熟的园区资本运作方式与运作模式等经验复制推广,依托不同省市之间的比较优势,强化了长三角区域内产业协作与内引外联,不仅浦东产业园区向外省市走出去,一些经济实力强又有研发需求的城市也主动来到浦东园区,通过科创协作实现利益共享,形成生产要素的"双向流动模式",从而提升整个长三角地区的产业竞争力。另一方面,提升长三角地区对外开放水平。上海自贸试验区在对标国际最高标准的制度创新方面形成了系列成果,对于地理位置毗邻、商品经济发达的长三角地区具有直接的指导意义与示范作用。长三角紧随浦东脚步进行管制、税制及法制改革,开放速度和质量明显改善,不断向国际一流的营商环境靠拢,加快与国际市场的接轨。

浦东还为长三角地区提供了以下三个方面的便利。在交通设施方面,从空间规划、交通联络及港口发展入手,加强区域沟通与协调,提升城市间资源配置效率,加强浦东的辐射功能。在金融资本方面,浦东利用自身金融资源的禀赋优势,依托长三角金融市场平台,与长三角区域的市场需求有效结合。在高端人才方面,浦东从签证及落户审批改革、职业资格认证国际化、基础设施完善等方面着手,为长三角人才流动创造了便捷条件,成为长三角集聚全球高层次人才的有力支撑。在浦东开发开放的带动下,长三角日益成为中国经济最具活力、开放程度最高及创新能力最强的区域。

### 5.2.4 立足本土发展,助力上海卓越全球城市建设

浦东开发开放既是理念和思想的开放,也是对外资、民企的开放,更是制度创新的开放。对于着力打造社会主义现代化国际大都市的上海来说,要在全球城市网络中占据重要位置,就需要在制度上形成相应优势。浦东开发开放创造了诸多"全国第一",这些新事物、新方法、新模式的诞生,内含了开放性制度的渐进演变。这种着眼于制度创新的开放模式,反过来又为城市的开放优势奠定内生基础,同时为其他地区提供可借鉴的模式和经验。

浦东开发开放实现了从特殊政策优势向主要依靠制度创新形成的体制优势的转变,行政体制改革是其中具有关键性和超前性的重要环节,政府治理先行区初步形成,政府和市场关系不断优化。在机构改革方面,遵照精简高效原则,科学设计政府组织结构及编制管理,加强机关行政效能建设;在职能转变方面,大力推进简政放权、放管结合、优化服务改革,改善营商环境;在服务创新方面,落实"互联网+政务服务",打造"三全工程",提升政府现代化治理水平。这些政府管理新模式和运作新体制使得上海逐渐具备与全球城市相匹配的管理体系,也成为全国各地政府打造开放型经济管理体制的重要参照。

在与浦东开发开放相适应的政府职能转变的基础上,市场环境不断完善,开放的广度与深度显著提升。在土地、资金、技术及劳动力等生产要素配置市场化方面先行先试,探索多元化融资方式和土地开发

新方式,促进土地资本加快向货币资本的转化。进入中国社会主义建设发展新时代,浦东秉持高科技先行的产业发展理念,积极推动产业结构调整和创新,以中国芯、创新药、蓝天梦、未来车、智能造、数据港"六大硬核产业"来建设具有国际竞争力的产业新高地,促进上海融入全球分工体系。在率先开展自贸试验区建设以来,浦东构建的投资、贸易、金融与事中事后监管制度成为制度创新的集中体现。此外,浦东在综合配套改革及张江自主创新示范区建设方面积累了丰富经验,这些都为上海提升城市能级和核心竞争力提供了制度优势,推动上海建成与中国经济实力和国际地位相匹配、具有全球资源配置能力的国际经济、金融、贸易、航运和科创中心。

## 5.2.5　坚持思想解放,提升浦东可持续发展动力

2020 年 11 月,习近平总书记在浦东开发开放 30 周年庆祝大会上明确指出:"浦东开发开放 30 年的历程,走的是一条解放思想、深化改革之路,是一条面向世界、扩大开放之路,是一条打破常规、创新突破之路。"这是习近平总书记对浦东开发开放战略实践与经验的精辟概括,也说明了浦东开发开放是解放思想、深化改革的必然产物。解放思想,意味着树立改革创新的观念,以更大决心气魄把改革开放不断推向深入,大力破除思想观念的束缚与体制机制的障碍,敢于创新,勇于探索,在探索中找出路、在应变中求突破、在创新中促发展。

党的十一届三中全会为中国拉开了改革开放的序幕,当时的上海虽然也开展了诸多探索,但囿于各种历史原因并未取得显著的发展成效。如何突破困境、实现振兴发展成为首先需要解决的关键问题,因

此,上海解放思想、跳出寞臼、深化改革,在 20 世纪 80 年围绕经济发展战略展开详细研究、深入论证,高瞻远瞩地提出了开发浦东的战略设想。在随后的思想解放进程中,开发浦东战略的实践不断推进,进一步坚定了上海开发浦东的决心与信心。在 20 世纪 90 年代初,在国家的支持下,浦东开发开放大步迈进,步入发展快车道。敢为天下先的浦东,从无到有,实现了一年一个样,三年大变样。进入 21 世纪,综合配套改革试点地区、自贸试验区、科创中心的建设为浦东创造了前所未有的历史机遇,也为浦东带来了前所未有的重大挑战,浦东继续解放思想、大胆创新,打破路径依赖和思维定式,反对一切形式的故步自封、因循守旧和畏首畏尾,破除一切"框框"的行为束缚和"本本"的思想禁锢,强调改革举措系统集成,推动形成更为稳定成熟的制度体系,也让人民群众在浦东发展改造中拥有更多、更直接、更实在的获得感、幸福感、安全感。最终,浦东从原本以农业为主的区域,摇身一变发展成为一座功能集聚、设施先进、要素齐全的现代化新城,解放思想、深化改革成为浦东开发开放可持续发展的根本动力源泉。

浦东开发开放的生动实践与显著成就,蕴含了丰富的经验启示。思想决定行动,思路决定出路;开放带来进步,封闭必然落后。要想在改革开放上有所突破,就必须有思想上的破冰,敢闯敢试、敢为人先,不断攀登新高峰、展现新气象、续写新传奇。

### 5.2.6　贯彻党的全面领导,引领浦东各项事业的发展

浦东高水平改革开放离不开党对各领域环节的领导,党把方向、谋大局、定政策、促改革,浦东开发开放充分发挥党组织的引领作用。

　　一是以提升组织力为重点。中国共产党是一个有严肃组织原则、严格组织纪律、严密组织体系的马克思主义政党,具有强大组织动员能力,这是有别于其他政党的显著特征。浦东基层党组织建设,着眼于提升组织力、强调政治功能,引导基层党组织以及广大党员同志在推动浦东更高水平改革开放中发挥先锋模范作用和战斗堡垒作用。在组织建设中,落实完善精准考核、奖惩分明的机制,将"三个区分开来"具体化,建立健全干部担当作为的激励和保护机制,大力营造勇负责、敢担当、善创新的良好氛围。

　　二是保持"集中力量办大事"的显著优势。"集中力量办大事"是我们党带领人民长期实践探索的智慧结晶,是我们党的优良传统和一贯主张。众志成城,方可创造伟业。浦东开发开放以来,我们党始终注重组织动员方法、资源调配方式的不断创新、不断强化、不断发展,既充分发挥市场在资源配置中的决定性作用,又发挥政府整合资源、统筹调配的作用。浦东引领区建设作为新时代中国改革开放的攻坚之役,也是党领导下"集中力量办大事"制度优势的充分体现,而这一制度优势也势必促成浦东发展的更大成就。

　　三是注重处理好党的组织动员与人民群众的首创精神的关系。在中国这样一个大国,推行改革开放事业,意味着将面临诸多复杂问题及复杂关系,要顺利推进改革开放,必须有一个坚强有力的政治领导核心。浦东始终坚持党的集中统一领导,保证改革开放能够沿着正确的道路和方向前进,照顾社会各方面意见,协调社会各方面利益关系,及时纠正改革开放过程中出现的偏差,避免改革开放过程中出现严重失误。同时,充分尊重人民的首创精神,尊重人民主体地位,尊重人民群众在实践活动中所表达的意愿、所创造的经验、所拥有的权利、所发挥的作用,鼓励人民群众解放思想、积极探索,善于从人民群众关注的焦点、难点中寻找改革开放的切入点,推动顶层设计和基层探索良性互动、有机结合。最终在开发开放的伟大实践中,实现党的组织动员与人民群众的首创精神相互促进、高度统一。

## 5.3 浦东社会主义现代化建设引领区的发展基础

### 5.3.1 浦东打造更高水平改革开放开路先锋的发展基础

一是经济能级飞跃发展。浦东以上海 1/5 的面积、1/4 的人口创造了 1/3 的经济总量,是上海经济增长的压舱石、稳定器和动力源,一定程度上是长三角的重要经济增长极,经济效能和产业结构代表着长三角地区甚至全国的最高水平。2018 年,浦东 GDP 首次突破 1 万亿元,成为国内第一个 GDP 万亿市辖区;2020 年,浦东 GDP 为 13 207 亿元,是 1990 年 60 亿元的 219 倍;2021 年浦东 GDP 达到 15 353 亿元。浦东以全国 1/8 000 的面积创造了 1/80 的 GDP,达到中上等发达国家水平。第三产业增加值超过 1 万亿元,占浦东 GDP 的 75% 以上,上海的近 1/3。浦东已基本形成了以现代服务业、战略性新兴产业为引领,先进制造业为支撑的现代产业体系,其中集成电路、生物医药和人工智能等三大先导性产业和多个行业处于上海乃至长三角地区的领先地位。较高的经济能级为浦东担当区域经济增长引擎、辐射带动周边地区发展提供了坚实的基础。浦东在经济发展过程中最大限度发挥土地资源、人力资本、环境资本的生产效率,提高存量项目与增量项目的产业能级,注重区域差异化发展,在单位面积土地上的经济产出遥遥领先。其中,保税片区的特色是贸易和航运,每平方千米产出 20 亿元;陆家嘴片区的特色是金融,每平方千米产出 133 亿元;张江片区的特色是科技创新,每平方千米产出 39 亿元;金桥片区的特色是先进制造业和生产性服务业"双轮驱动",每平方千米产出 37 亿元。与之对比,上海每平方千米的产出为 4.7 亿元,浦东每平方千米的产出为 8 亿元,几大开发区的带动作用足以显现。[①]

表 5.1　上海各区 GDP 排行

| 排名 | 区域名称 | 2021 年 GDP(亿元) |
| --- | --- | --- |
| 1 | 浦东新区 | 15 353 |
| 2 | 黄浦区 | 2 902 |
| 3 | 闵行区 | 2 800 |
| 4 | 嘉定区 | 2 706 |
| 5 | 静安区 | 2 565 |
| 6 | 徐汇区 | 2 000 |
| 7 | 杨浦区 | 1 951 |
| 8 | 长宁区 | 1 800 |
| 9 | 松江区 | 1 750 |
| 10 | 宝山区 | 1 673 |
| 11 | 奉贤区 | 1 300 |
| 12 | 青浦区 | 1 270 |
| 13 | 普陀区 | 1 240 |
| 14 | 虹口区 | 1 200 |
| 15 | 金山区 | 1 183 |
| 16 | 崇明区 | 410 |

资料来源:上海各区统计局。

---

[①]　王延:《亩产论英雄　提升城市能级和核心竞争力》,《浦东时报》2019 年 4 月 18 日。

二是高效吸收外商直接投资。开放是浦东的基因,浦东作为中国开放的前沿窗口,长期发挥着连接国外和国内两个扇面的独特作用。1990 年浦东开发开放政策施行之初,浦东引进外资项目数 28 个,合同外资 0.15 亿美元。随着改革开放不断推进,利用外资的规模和能级不断提升。2020 年末,浦东累计引进外资项目数、合同外资、实到外资分别从 2015 年末的 2.8 万个、1 361.1 亿美元、641.1 亿美元增至 3.7 万个、2 437.7 亿美元、1 052.4 亿美元,占上海的比重分别上升到 27%、45%、47%。同时,外资来源地结构呈现多元化发展趋势。2020 年末,来浦东投资的国家(地区)从 2015 年的 145 个增至 171 个,欧美等发达国家成为主要外资来源地。此外,总部机构加快集聚。2020 年末,获认定的跨国公司地区总部累计数从 2015 年末的 246 家增至 359 家,占上海的 46.6%;外资研发中心累计数从 208 家增至 248 家,占上海的 50%以上。①

三是对外贸易规模与结构持续向好。随着开放程度不断提高,浦东对外贸易实现跨越式发展。首先是贸易规模持续提升。1990 年,浦东成立了中国首个国家级出口加工区、保税区,为上海外贸在全国的地位奠定了宝贵基础。口岸进出口额从 2015 年的 1.1 万亿美元增长至 2020 年的 1.35 万亿美元。货物进出口额 1993 年为 25.9 亿美元,2015 年为 16 903.7 亿元,2020 年又增长至 20 937.6 亿元,占上海的比重超过 60%。而且,浦东对外贸易的结构也在不断优化。在外贸结构中,货物贸易稳步提升,随着服务业逐渐成为全球经济主导

---

① 数据源自《浦东新区外向型经济发展"十四五"规划》。

产业,浦东的服务贸易得到持续发展。浦东服务进出口额占上海的比重从 2015 年的 39.4％增加至 2020 年的 50.1％。在货物贸易结构中,附加值与技术含量较高的机电产品及高新技术产品进出口占货物进出口额的比重,在 2020 年分别提升至 59.1％与 40.8％。此外,浦东的新型贸易也得到了蓬勃发展。贸易数字化不断推进,2020 年跨境电商进出口额达 60.4 亿元,占上海的比重为 66.4％。离岸贸易提速发展,经常项目汇兑顺畅度显著提升,进入自由贸易账户"白名单"试点范围的企业有 251 家,离岸贸易规模占上海的 80％以上。①这些指标表明了浦东在上海乃至中国对外贸易发展及开放格局中不可取代的重要地位。

四是积极践行"走出去"战略。2000 年 10 月,《中共中央关于制定国民经济和社会发展第十个五年计划的建议》提出实施"走出去"战略。浦东积极践行"走出去"战略,对外投资合作有序发展。在"十三五"期间,浦东开设对外投资服务平台,为企业与专业机构搭建合作桥梁,优化完善境外监管服务,境外投资中方投资额维持在年均 80 亿美元以上的较好水平,2020 年达到 103 亿美元,在上海占比达到 56％。同时,投资结构得以进一步优化。以民营企业的对外投资最为活跃,投资项目数占总数比重超 75％,主要投向电子信息技术、医疗器械制造、生物医药研发、参股企业境外 IPO 等行业,利用全球资源的能力与国际竞争力进一步增强。此外,浦东针对"一带一路"沿线国家和地区的投资项目的累计备案数目达 510 个,累计中方投资额达到 82 亿美

---

① 数据源自《浦东新区外向型经济发展"十四五"规划》。

元,资金占总额的比重提升至 14%,为更好服务"一带一路"发展、发挥桥头堡作用提供了坚实保障。①

五是保持开放引领优势。浦东区域内分布着几乎所有高能级的开放载体,包括外高桥保税区、洋山特殊综合保税区、自贸试验区、临港新片区、国家级开发区、国家级高新区等,很多体现出最早、最大、最新、最开放等特征,构成了链接全球的多元通道。浦东在开放过程中注重制度创新,持续完善贸易投资监管制度。建立了以准入前国民待遇加负面清单为核心的外商投资管理制度,对外投资由审批制改为备案制,推动"证照分离"改革的深化,加强企业的市场投资主体地位。完善国际贸易"单一窗口"管理,拓展自由贸易账户功能。探索"六个双"政府综合监管,实现了浦东所有 21 个政府监管部门、108 个行业、32 万多家企业的全覆盖。②这些具有首创意义的制度,均诞生在浦东,引领着浦东从要素型开放向制度型开放的转变,使得浦东在深层次开放上始终领先一步。同时,这些制度创新还取得了显著的复制推广效果。截至 2020 年底,上海自贸试验区有 328项制度创新成果复制推广到全国,例如,国际贸易"单一窗口"推广应用出口退税功能,推广电子营业执照及电子印章等。基于此,2021 年国家发展改革委向全国推广浦东有关创新举措和经验做法共 3 类 25项 51 条,涵盖改革系统集成、制度型开放、高效能治理等 3 个方面,具体见表 5.2。

---

① 数据源自《浦东新区外向型经济发展"十四五"规划》。
② 《上海浦东探索"六个双"政府综合监管　全区 32 万企业全覆盖》,国务院新闻办公室网站,2019 年 7 月 18 日,http://www.scio.gov.cn/32344/32345/39620/41042/zy41046/Document/1659798/1659798.htm。

表 5.2　浦东有关创新举措和经验做法清单

| 类　　别 | 具　体　举　措 |
|---|---|
| 改革系统集成 | (1) 深化企业市场准入有关改革探索<br>(2) "一网通办"政务服务<br>(3) "无事不扰,有求必应,有事必究"的政府综合监管体系<br>(4) 线下办事"四个集中"<br>(5) "窗口无否决权"机制<br>(6) "找茬"机制及时响应群众反馈<br>(7) 设立中国(浦东)知识产权保护中心<br>(8) "一照多址"促进企业经营便利化<br>(9) 特斯拉背后的"浦东速度"常态化<br>(10) 支持新零售混合业态发展<br>(11) 实行远程身份核验服务<br>(12) 综保区内租赁退租飞机异地委托监管创新试点<br>(13) 创新"进步指数"绩效考核体系 |
| 制度性开放 | (1) 上海自贸试验区率先探索自由贸易账户体系<br>(2) 成立涉外商事纠纷一站式解决工作室<br>(3) 试点持永久居留身份外籍高层次人才创办科技型企业改革<br>(4) 浦东国际人才港构建人才服务生态圈 |
| 高能效治理 | (1) 打造"城市大脑",推动城市运行"一网通管"<br>(2) 探索统筹核心发展权和下沉区域管理权改革<br>(3) "家门口"服务体系<br>(4) 服务社会事业"15 分钟服务圈"<br>(5) 居村联勤联动站<br>(6) 建设运行街面秩序智能管理模式<br>(7) 建立外卖骑手交通违法记分管理制度<br>(8) 探索建设乡村人才公寓 |

资料来源:《国家发展改革委关于推广借鉴上海浦东新区有关创新举措和经验做法的通知》。

六是带动辐射效应显著。浦东开发开放的 30 多年历程,也是辐射带动长三角、长江经济带发展的历程。无论是对外开放、科技创新,还是政府建设、社会治理等,都对长三角各地发挥了示范引领作用。浦东发挥其在制度性开放方面的开路先锋作用,率先建立与国际通行规则相互衔接的开放型经济新体制,从而为长三角地区开放型经济的拓展升级、高质量发展和培育新优势,提供实现路径、有效做法和先行经验。同时，浦东的国际化、高能级载体积极面向长三角和长江流域开展业务，联合开展重大产业关键技术攻关，积极探索多种形式的产业合作模式。加快一体化市场体系建设，推动资源要素跨区域流动和优化配置，建设统一大市场。正是基于这些路径与优势，浦东对长三角乃至国内其他区域，通过有效辐射和紧密连接，在更大空间范围内成为"走出去"的桥头堡。

### 5.3.2　浦东打造自主创新发展时代标杆的发展基础

一是综合优势加快创新资源的汇集，为科技创新提供丰富的"原料"。浦东已成为重要的航运和金融中心，对人才的吸引力较强，同时浦东积极推进科技创新的相关制度，以吸引更大范围、更高规模、更优质量的创新要素汇聚浦东。

首先，金融业高速发展，拓展科创企业融资渠道。金融业在浦东的产业比重由 1990 年的 5.1％上升至 2020 年的 31.5％，保持高速发展。浦东是上海金融要素最集聚的区域，在 2021 年 3 月发布的全球金融中心指数（GFCI 29）中，上海排名上升到第三位。截至 2020 年底，浦东的监管类金融机构达到 1 100 家，金融领域外资企业注册户数达到 255 家，外资机构在多个细分领域的数量领先全国。上海证券交易所、上海期货交易所、中国金融期货交易所、中国外汇交易中心、上海股权托管交易中心等 13 家要素市场和基础设施在浦东扎根，面向国际推动要素流动，浦东已成为全球金融要素最为完备、交易最具活力的区域之一。科创板的建立再次拓宽科创企业的投融资渠道，截至 2021 年 7 月，313 家企业在科创板上市，所募集的资金总额超过 3 800

亿元,投入领域聚焦于战略性新兴产业,为浦东科技创新能力的飞跃发展保障资金支持。①

其次,吸引大量人才,赋予创新主体活力。浦东经济的高速发展和优势产业聚集吸引大批人才来浦、留浦。(1)在产业聚集地积极匹配基础设施建设,提高人才的生活质量。浦东通过人才公寓建设、发放住房补贴、鼓励闲置住房出租等方式保障人才安居。张江已规划近900万平方米的租赁式住宅,解决人才居住成本高的现实困境。临港新片区逐步放宽人才落户标准,积极优化基础教育、医疗、住房等多方面的公共服务体系,加快民生项目和基础教育学校的建设,浦东医院临港院区、上海六院临港院区二期扩建等项目正在推进中,并与华东师范大学、上海交通大学等高校达成建设基础教育学校的战略协议,使人才住有所居、病有所医、学有所上。(2)积极推进人才服务机构或平台的建设。浦东于 2019 年开启国际人才港,至今服务人数已超过19 万人,同时率先为外籍人才接入"一网通办"服务平台,实现"单一窗口"办理工作许可和居留许可,大幅减少审批环节和实践,办理更便捷、更高效,积极引进海外优质人才。(3)聚焦打造具有国际竞争力的人才高地,推进人才相关政策的革新。浦东推出"人才 35 条",创造性地率先实行各项人才政策,如设立首个"海外人才局"机构、率先承接人才引进落户审批权等。浦东的人才总量于 2019 年底已达到 145 万人,包含境外人才 3.6 万人,以及 90 名海内外院士。②国际人才港率先

---

①　王媛媛:《科创板两周年:313 家公司市值逼近 5 万亿》,人民网,2021 年 7 月 26 日,http://finance.people.com.cn/n1/2021/0726/c1004-32169521.html。

②　上海交通大学国际与公共事务学院:《"三量递进":30 年来浦东开发开放取得的重大成就》,MBAChina 网,2020 年 11 月 19 日,https://www.mbachina.com/html/mpa_sjtu/20211201/268970.html。

提高人才相关审批业务的整合性、智能化,推动全方位和个性化统一的人才服务体系,其创新性做法已被列入全国推广做法。

最后,发布多项政策支持科技创新,形成科技创新的制度红利。浦东针对科技创新发布多项政策,其中涉及科创企业和研发机构的认定与资助、重点项目投入、高能级产业培育等。如表 5.3 所示,2021 年已发布多项常规资助政策为浦东科技创新实现飞跃式发展保驾护航,资助对象范围全面,资助力度较大。

表 5.3　2021 年浦东针对科技创新的部分政策

| 发布时间 | 政策主题 | 主要内容 |
| --- | --- | --- |
| 2021 年 3 月 | 浦东新区促进小微企业创新创业财政扶持项目申报 | 六类申报事项下的中小微企业申报成功后可获得金额不等的资助或补贴,六类事项为创新创业载体建设、降低创新创业成本、自主创新能力提升、高成长小微科创企业、支持功能性平台建设及服务机构奖励 |
| 2021 年 7 月 | 浦东新区科技发展基金企业研发机构专项申报 | 给予新认定的国家级、上海市级企业研发机构一次性资助,给予年度考评为优秀的新认定区级企业研发机构研发经费资助 |
| 2021 年 7 月 | 科技发展基金科技创新券专项申报 | 科技型中小微企业每年度可申请 20 万元的创新券额度 |
| 2021 年 7 月 | 科技发展基金高新技术企业贷款贴息专项申报 | 对符合申报条件的小微型高新技术企业给予贴息补助,降低企业的融资成本 |
| 2021 年 8 月 | 科技发展基金科创策源专项(科研能力提升专题)申报 | 资助对象为高等学校和科研院所,每个项目最高获得 10 万元资助,每个单位最高获得 200 万元资助 |
| 2021 年 9 月 | 科技发展基金科创策源专项(大企业开放创新中心专题)申报 | 资助对象为大企业开放创新中心建设主体,申报成功后可获得最高 1 000 万元、不超过核定总投资额 50% 的资助 |

资料来源:根据浦东新区科技和经济委员会发布的各项政策通知整理而得。

二是聚集结构完整的创新主体体系,加快科技创新成果的产出。浦东已初步形成科创企业、研发机构、服务平台等多类型创新主体的聚集,区域创新能力显著提高,创新参与的环节前移。

首先,构建起以科创企业为核心,包括科研院所、服务平台等多组织的创新主体体系。在重视科技的创新环境下,浦东聚集起一批体系完整的创新机构,包括高新技术企业、研发机构及科创服务平台等。浦东重视对科技创新的投入,关于科学技术的一般预算支出在 2011—2019 年间,由 239 029 万元上升至 497 158 万元,10 年间增加了一倍。截至 2020 年末,3 784 家经认定的高新技术企业落户浦东,约占上海高新技术企业数量的 22%,为浦东注入创新活力。多类型的研发机构聚集浦东。企业的研发机构是企业研发能力的发动机,2020 年末,浦东拥有 622 家经认定的企业研发机构,其中国家级 43 家,市级 206 家,区级 373 家。独立专业的研发机构积极融入浦东高新技术产业架构。例如,2021 年 9 月,上海纽约大学、金融数据港和尼西伟恩数据科技有限公司间形成战略合作协议,聚焦金融科技创新。此外,张江实验室、李政道研究所、朱光亚战略研究院、上海交通大学张江高等研究院等科研机构齐聚浦东,形成跨组织协同创新,为浦东提升基础研究和策源创新能力助力。大科学装置聚焦科技前沿的重大突破,浦东在前期已建成软 X 射线自由电子激光试验装置、上海光源、蛋白质设施等大科学装置;最近,活细胞结构与功能成像等线站工程、国家海底长期观测网项目、硬 X 射线自由电子激光装置等大科学装置建设也取得重大进展。未来浦东有望发挥大科学装置的聚集效应,探索向企业开放共享的模式,推动前沿理论的突破。浦东知识产权保护方面的探索处于领先地位,成立上海知识产权法院和中国(浦东)知识产权保护中心,推进知识产权维权和确权进程有序快捷实现。此外,浦东连续多年成功举办"世界人工智能大会"和"世界顶尖科学家论坛"等国际性会议,构建开放性的创新生态系统。

其次,专利数量快速升高,区域创新能力提高,由协助者向主导者转变。目前,浦东已逐步形成以技术开发合同为核心的技术合同交易体系。浦东科技创新成果的聚力经历了从孕育到平稳提升的阶段。浦东的科技成果转化加快,1994—2020 年间各类技术合同成交数量总体呈现上升趋势。但是,各类技术合同成交数量的比重在 2001 年前后呈现较大转变。2001 年前,技术服务合同成交数量占全部成交数量的 70%以上,并且技术开发合同成交数量的比重维持在非常低的水平。2001 年技术开发合同成交数量的比重明显增大,并且在此后几年始终保持强劲的增长态势,2006 年技术开发合同成交数量的比重已接近 50%。2016—2020 年间,浦东科技创新成果颇丰,共获得国家级科技奖项 34 项、市级奖项 390 项,每万人口发明专利拥有量上升至 90 件。

三是初步实现科技创新能力向产业竞争优势的转化,战略新兴产业发展迅猛。浦东聚焦科技赋能的"六大硬核产业"推进技术突破,引领创新驱动下的经济高质量发展。2020 年,浦东规模以上战略性新兴制造业产值达到 5 035.68 亿元,实现 17%的高速增长。围绕"六大硬核产业",浦东已聚集起一批核心竞争力较强、结构分明的企业,以及科研院所、功能平台、协会联盟等,形成体系完整的创新网络,产业规模和效益快速提升。

中国芯:2020 年,浦东集成电路保持快速增长态势,产业规模达到

1 471 亿元,占上海的 71%,占全国的 16.63%。从企业结构来看,浦东已聚集起一批集成电路的龙头企业,如英飞凌、肇观电子、守朴科技、晶心科技、瓴盛科技等,涵盖芯片材料、设计、制造、封装测试等上下游链条。7 家全球十强芯片设计企业在浦东设立区域总部,2 家全球十大晶圆代工企业总部落户浦东。从空间结构来看,张江是浦东集成电路发展的重镇,2020 年张江集成电路规模在浦东的比重超过 85%。2021 年第一季度张江集成电路保持显著的竞争优势,营业收入已达到 267.61 亿元。

创新药:浦东成为全国药品和医疗器械的重要创新策源地,2016—2020 年间,浦东生物医药产值的年复合增长率约为 10.6%,产业规模实现由 418.58 亿元到 626.02 亿元的稳步增长。浦东张江已成为"中国药谷",在生物医药领域对全国的贡献度超过 20%,张江培育的一类新药上市数量占全国的 1/3,其培育的医药科创企业上市数量占全国的 1/5。张江汇集医药产业的创新资源,超过半数的全球医药十强企业布局张江,企业开放创新中心和科研院所齐聚张江,其中包括中科院药物所、张江药物实验室、国家新药安评中心等。

蓝天梦:2016—2020 年间,浦东民用航空产业实现飞跃发展,产业规模在 2016 年不足 10 亿元,在 2020 年上升至 101 亿元。浦东以中国商飞、中国航发商发为核心企业,加速大飞机产业链布局。ARJ21 实现批量生产,交付国航、东航、南航等航空公司,截至 2021 年 5 月末已累计交付 50 架;C919 步入"六机四地"大强度试飞阶段,已累计获得 815 架订单;CR929 于 2020 年确认总体技术方案及系列化发展方案,于 2021 年进入供应商选择和设计阶段。

未来车:2020 年,浦东汽车制造业产值达到 2 691 亿元,同比增长 31.6%,领跑浦东工业发展。汽车制造业是浦东规模最大的工业行业,2020 年在上海汽车制造业产值的比重已达到 38.9%。浦东吸引产业链各环节的企业落户,如表 5.4 所示,涵盖汽车零部件、整车制造及测试等环节。一些重大项目落户浦东,包括临港特斯拉超级工厂、高端智能纯电"智已汽车"、阿里云创新中心—宝马初创车库联合创新基地等。新能源汽车表现亮眼,2020 年规模以上新能源汽车产值为 472.49 亿元,2021 年前 4 个月延续强劲的发展势头,产值上涨将近 4 倍。

表 5.4　浦东未来车的重点片区现状

| 片　　区 | 政策扶持 | 代表企业 |
|---|---|---|
| 金桥开发区 | 成立新能源汽车产业园和智能网联汽车产业基地,瞄准新能源和智能化的前沿技术方向 | 菲翼汽车电气(上海)有限公司、华人运通、上汽联创智能网联创新中心、华为车 BU 等 |
| 临港新片区 | 《临港新片区智能网联汽车产业专项规划(2020—2025)》 | 上汽荣威、上汽大通、纽劢科技、华人运通、图森未来、赢彻科技、博雷顿等 |

资料来源:须双双,《浦东"未来车"加速驰骋向未来》,《浦东时报》2021 年 2 月 1 日。

智能造:浦东 2020 年规模以上高端装备制造业总产值为 876.02 亿元,8 家企业入围上海智能工厂。产业的技术攻关方向主要围绕邮轮、机器人等。浦东承载厚实的船舶技术,拥有全球先进的 LNG 运输船、加注船等。首艘国产大型豪华邮轮的制作进度已于 2021 年 5 月底达到 86%。机器人产业以张江机器人谷和金桥机器人产业园为核心区域,如表 5.5 所示,机器人全生产流程的相关企业形成聚集。

表 5.5　浦东新区机器人产业的重点区域现状

| 核心区域 | 着力点 | 重点企业 |
| --- | --- | --- |
| 张江机器人谷 | 核心：高端医疗机器人<br>重点：特色工业机器人和智能服务机器人 | 医疗机器人：复星直观、微创机器人等 |
| | | 工业机器人：ABB等 |
| | | 智能服务机器人：云迹科技、高仙自动化、傅利叶智能等 |
| 金桥机器人产业园 | "工业互联网＋机器人"，聚集体系完整的机器人上下游企业 | 上游产业（硬件）：欧姆龙、费斯托、罗克韦尔等 |
| | | 中游产业（本体制造）：卫邦、安翰、擎京、弗徕威、新松等 |
| | | 下游产业（应用服务）：上海交博、上海宾奥等 |

资料来源：根据相关报道整理而得。

数据港：浦东数据港定位聚焦数据服务和数字经济，初步形成数字经济策源地雏形。2020 年 1—11 月，软件和信息服务业营业收入实现 1 329.1 亿元，同比增长 5.9％，并在前 5 年间累计形成 3.5 万件软件著作权。2020 年，浦东 39 家软件企业入选"上海软件企业规模百强"，其中百亿级企业有 3 家。此外，2020 年规模以上数字创新产业产值达到 107.31 亿元，赋予浦东新的经济增长点。

四是通过园区聚焦科技创新的重点方向，辐射上海其他区域。浦东形成以张江科学城为核心的南北科技创新带，通过特色园区聚焦高端产业的发展，不同园区间逐步形成稳定的产业联系。

一方面，通过园区聚焦高端产业，打造南北科技创新走廊，张江科学城实现科技创新的高速发展。浦东以外高桥、金桥、张江、临港新片区为主体形成南北科技创新走廊，如表 5.6 所示，每个片区下设置多个特色产业园区,聚集创新资源,打造产业发展高地,引领高新技术产业领域的源头创新。

表 5.6　南北科技创新走廊的特色园区分布

| 片　区 | 核心领域 | 特色产业园区 |
| --- | --- | --- |
| 外高桥 | 航运贸易 | 智能制造服务产业园等 |
| 金　桥 | 先进制造业 | 5G 产业生态园等 |
| 张　江 | 高新技术 | 人工智能岛、张江在线、机器人谷、集成电路设计产业园、创新药产业基地等 |
| 临港新区 | 制度创新 | 大飞机产业园、东方芯港、海洋创新园、信息飞鱼、生命蓝湾等 |

资料来源:根据上海市经济和信息化委员会发布的资料整理而得。

　　张江成为辐射全国的科技创新发生地。张江科学城是浦东乃至全国推动原始创新的核心引擎,集中力量发展集成电路、生物医药和人工智能产业,旨在打造国际一流科学城。2017 年,张江高科技园区转变为张江科学城,空间范围的扩大推动更广范围内创新资源的聚集和溢出,实现向科技地标的转变。近年来,张江积极推动"五个一批"项目,从创新主体、创新环境和交互渠道等领域打通科技创新的堵点和痛点,营造功能完善、开放协同的创新生态网络。第一批的 73 个项目中,除硬 X 射线项目外,其他项目均完工;第二批的 82 个项目已全部开始建设。[①]

　　浦东注重与上海其他区域分工合作,战略性新兴产业已形成较为稳定的空间格局。如表 5.7 所示,浦东战略性新兴产业的发展在上海

---

　① 《全球科创动态 2021 年第 3 期(总第 12 期)》,上海中创产业创新研究院网站,2021 年2 月 11 日,http://www.zcyj-sh.com/newsinfo/1169248.html。

已形成显著的优势地位,尤其是产业链前端的研发阶段,集成电路、生物医药等产业以浦东为核心的辐射效应明显,航空、汽车制造、机器人等产业实现片区间分工协作。

表 5.7 上海部分战略性新兴产业的空间布局

| 战略性新兴产业 | 空间格局 | 浦东定位 |
| --- | --- | --- |
| 集成电路 | 一核(浦东)多极 | 产业链条最完整、产业规模最高、企业数量最多的区域;其他区域各有所侧重,内部尚未形成完整的产业链条 |
| 机器人 | 3(浦东、宝山、嘉定)+X | 工业机器人和服务机器人并行发展 |
| 新能源智能汽车 | 1(嘉定)+2(金桥、临港)+X | 金桥侧重汽车研发、制造及销售,临港侧重制造、销售和应用示范,嘉定的汽车产业链条更完备 |
| 生物医药 | 1(浦东)+5(五大特色产业区)+X | 侧重研发及制造,产值具有显著优势 |
| 航空 | 2(浦东、闵行)+X | 集中在飞机的研发、制造和总装;其他区域可提供航空服务、维修等 |

资料来源:根据上海市经济和信息化委员会提供的产业地图整理而得。

### 5.3.3 浦东打造全球资源配置功能高地的发展基础

浦东开发开放 30 多年,发展迅速,地区生产总值从 1990 年的 60 亿元,到 2019 年突破 1 万亿元,增长近 200 倍,以全国 1/8 000 的面积创造了全国 1/80 的 GDP、1/15 的货物进出口总额,浦东成为一座功能集聚、要素齐全、设施先进的现代化新城,成为中国改革开放的重要标志和上海现代化建设的缩影,在全球资源配置中的功能不断提升。

一是金融中心建设稳步推进,全球资本配置功能稳步提升。截至 2020 年底,浦东已有银证保监管类金融机构 1 110 家,占上海总数的

70％左右，其中银行类 282 家、证券类 495 家、保险类 301 家，外资资产管理机构突破 100 家。截至 2019 年底，有各类融资租赁企业近 1 800 家，融资租赁业资产规模达 2 万亿元，占全国 1/3；有证券类机构 495 个，其中证券公司 173 个、基金公司（包括第三方销售）113 个、期货公司 172 个、其他证券类机构 37 个。2019 年实现金融业增加值 3 835 亿元，占上海（金融业增加值）比重为 58.1％，占浦东 GDP 比重为 30.1％。自由贸易账户开立个数为 13.10 万个，账户内资金余额 2 784.4 亿元。2019 年上海自贸试验区跨境人民币经常项下结算额 7 149.60 亿元；直接投资项下结算额 9 147.16 亿元；浦东跨境人民币结算总额 3.81 万亿元，占上海的 38.99％。金融科技、融资租赁发展优势进一步巩固，金融市场创新稳步推进，银行间市场利率期权业务逐步推开，铝、锌期权合约上市，低硫燃料油期货挂牌交易，发行全国首单专利知识产权资产证券化产品。离岸转手买卖实现规模化运作，"白名单"试点企业、收支金额分别超过上海的 80％和 90％。大宗商品核心品种的定价影响力不断提升，外高桥专业贸易平台形成 8 个千亿级、8 个百亿级的销售规模。

二是总部经济快速增长，对全球产业的影响力逐渐显现。作为中国总部经济集聚度最高的区域之一，浦东正式启动"全球营运商计划"，截至 2020 年已拥有 600 多家各类总部企业，其中跨国公司地区总部累计 359 家，占上海的比重达到 46.6％。世界 500 强企业有 320 家在浦东投资了 1 200 多个项目，其中，在浦东跨国公司地区总部中有世界 500 强企业 129 家，具有亚太区管理职能的达到 131 家，约占总数的 1/3。总部企业对浦东的经济贡献率超过 1/3，浦东已形成了涵盖跨国公司地区总部、大企业总部、营运总部、区域总部、高成长性总部、国际组织(机构)地区总部等的多层次、宽领域生态圈,正成为上海建设卓越的全球城市的重要经济地标。

三是进出口贸易保持稳定,国际航运中心建设快速推进,进一步强化全球资源配置能力。2020 年,浦东(境内目的地/货源地)进出口总额为 2 448.6 亿美元,占上海的 60% 以上,出口额为 712.1 亿美元,进口额为 1 736.5 亿美元。高端航运服务业快速发展,英国皇家特许船舶经纪协会等国际功能性机构落户浦东,浦东国际机场货邮吞吐量保持全球第三位、口岸出入境人次排名全国第一位,浦东综合交通枢纽专项规划获批。外高桥港和洋山港集装箱吞吐量占上海的 90%,推动上海港连续多年成为全球第一大集装箱港,推动上海在"新华·波罗的海国际航运中心发展指数"排名中上升到第 3 位。此外,浦东对外资的吸引力进一步增强,在全球跨境投资持续低迷的背景下,2020 年实到外资达到 94 亿美元,再创历史新高。

四是科技创新中心建设快速推进,对全球创新资源的配置能力增强。近年来,浦东围绕张江综合性国家科学中心的建设,提升创新策源功能,加快国家战略科技力量的布局和配套,建设世界级重大科技基础设施集群,同时,积极深化科技创新体制改革,前瞻性布局科技创新方向,在关键核心技术方面加大研发力度,加快引进和培育创新人才,完善区域科技创新布局,形成协同发展合力。2020 年,浦东全社会研发投入达到 513.13 亿元,其中财政科技创新投入 103.94 亿元(财政科学技术功能支出 49.19 亿元),有效期内累计高新技术企业已经达到 3 784 家,科技小巨人企业(培育)593 家,人才资源总量达到 155 万人,每万人发明专利拥有数 90 件,技术交易合同成交金额 912 亿元,经登记的创新型孵化器 170 家,科技企业加速器 4 家,公共技术服务平台 203 家,公民科学素质达标率 26.46％。

五是数字贸易和数字经济迅速发展,全球数字资源配置能力增强。浦东较早进入数字贸易领域,2010 年就成为国内首个"国家电子商务综合创新实践区",浦东唐镇同时成为国内首个"国家电子商务创新试点镇"。近年来,浦东通过支持电商跨境服务基地建设,推进线上电商产业链服务平台和电商公共服务平台建设,建设跨境电子商务综合试验区,形成各类数字商务示范基地,为跨境服务机构和从事新型国际贸易、数字商务的企业提供更有效的政策支持,进一步深化改革、扩大开放,集聚一批具有行业影响力的跨国公司总部、电商领军企业、高能级的国际贸易主体、专业化的跨境服务机构,营造良好的数字贸易发展环境,努力成为中国跨境电子商务和跨境服务的桥头堡。近年来,浦东的跨境电商零售进出口交易总额均占到上海的 50％ 以上。

### 5.3.4　浦东打造扩大国内需求典范引领的发展基础

改革开放以来,上海商业驶入发展快车道,经过 40 多年的发展,上海已成为名副其实的"万商云集、近悦远来"的国际消费城市,已形成国内城市中规模最大、吸引力最强、能级最高的消费市场。上海国际知名高端品牌集聚度超过 90％,全市 3 万平方米以上城市商业综合体超过 300 个,拥有各类连锁商业网点 2.3 万家。2020 年,上海社会消费品零售总额达 1.59 万亿元,稳居全国城市首位,网络购物交易额 1.17 万亿元,位居全国前列。此外,上海消费市场的创新能力也在不断增强。目前,上海主要电商直播平台的用户数量全国第一,夜间消费总金额、夜间餐饮多样化值等"夜经济"指标位居全国之首,每年开设的首店、旗舰店数量也稳居全国第一,各类首发平台、时尚发布地标、市级核心商圈,成为新模式、新业态、新产品的"试验田"和"竞技场"。根据世界知名房地产咨询机构仲量联行的研究,在 2020 国际消费中心城市的中国前十榜单中,上海位列榜首。近年来,上海在国际知名度、到达便利度、商业活跃度、城市繁荣度和政策引领度方面,取得了显著的成效。根据世邦魏理仕发布的公告,上海全球零售商聚集度接近 55%,在全球排名第三,商业成为上海这座城市的支柱。浦东在商业活跃度、政策引领度等方面的发展也很迅速,这为浦东打造社会主义现代化建设引领区奠定了一定的基础。

一是消费能力和零售商水平首屈一指。2021 年 1—8 月,浦东实现商品销售额 3.6 万亿元,同比增长 25.5%;社会消费品零售总额为 2 469 亿元,同比增长 28.1%。其中,汽车和服饰类商品消费增幅超过 40%,线上消费增幅超过 50%,新引进首店超过 100 家。历经 30 年开发开放,浦东商业从零星分布到商业体量超过 1 100 万平方米,实现了令人瞩目的发展。消费贡献持续提升,从 1995 年社会消费品零售总额的 100 亿元到 2019 年超过 3 000 亿元。消费对经济增长的贡献显著,商业增加值占浦东 GDP 的 13.5%。品牌时尚持续引领,据第三方机构的数据,世界百强零售商已有 30 家进入浦东,国际知名高端品牌集聚度超过 90%,跨国公司地区总部中消费类企业占比超过 1/6。首秀、首发、首店集聚,近三年来共引进首店 300 多家。业态模式持续创新,网络零售增长迅速,2019 年,网络零售额同比增长 77%。夜间经济率先发展,在上海率先发布夜间经济示范点运营规范。

二是商标注册与申请情况在上海居于领先地位。上海向来十分重视商业发展和品牌建设,全力打响"四大品牌"是上海更好落实和服务国家战略、加快建设现代化经济体系的重要载体,是推动高质量发展、创造高品质生活的重要举措,也是上海当好新时代全国改革开放排头兵、创新发展先行者的重要行动。就品牌经济发展的主要指标而言,截至2020年,上海共拥有有效商标注册量173.74万件,同比增长17.98%;作品版权登记数31.89万件,同比增长9.30%。从表5.9可以看出,2021年上半年,浦东的商标申请量、商标注册量均居于上海领先地位。有效注册量数量高达292 094件,在上海各区中遥遥领先,为当前的国际消费中心建设奠定了良好的基础。

表5.8 上海各区2021年上半年商标注册与申请情况(单位:件)

| 上海市辖区 | 2021年上半年商标申请量 | 2021年上半年商标注册量 |
|---|---|---|
| 杨浦区 | 10 503 | 7 858 |
| 徐汇区 | 8 663 | 6 860 |
| 松江区 | 20 277 | 14 022 |
| 青浦区 | 12 919 | 9 789 |
| 浦东新区 | 23 067 | 20 137 |
| 普陀区 | 9 452 | 7 682 |
| 闵行区 | 24 735 | 15 098 |
| 静安区 | 8 432 | 5 121 |
| 金山区 | 22 014 | 16 838 |
| 嘉定区 | 26 955 | 19 778 |
| 黄浦区 | 4 479 | 3 447 |
| 虹口区 | 5 394 | 3 754 |
| 奉贤区 | 35 441 | 24 721 |
| 崇明区 | 16 588 | 11 329 |
| 长宁区 | 8 565 | 5 596 |
| 宝山区 | 16 163 | 11 383 |

资料来源:根据上海市市场监督管理局网站上的资料整理而得。

　　三是全球首店数量多和品牌集聚度高。浦东始终重视首店经济，力争将浦东打造成为全球新品首发地示范区，举办更多有影响力的品牌首发活动。汇集更多旗舰店、首店、体验店，引进一批国际著名的商业企业、商品和服务品牌，培育具有"中国元素""上海特色"的定制品牌。截至 2021 年 10 月，浦东已经引进 300 多家首店。据第三方机构的统计，2021 年上半年共有 80 家首店落地浦东，数量位列上海各区第二。此外，从商圈来看，陆家嘴商圈共吸引 35 家首店，热门程度位列第三。位于小陆家嘴商圈的正大广场、上海国金中心商场等浦东商业地标进入首店最偏爱的商场前 20。前者 2021 年引入 100 多个新品牌，后者自开业以来已经集聚品牌 200 多个，其中近 1/3 的品牌在引进时为首店。浦东近年来在首店经济方面发力，2021 年，浦东重点商圈有一大批品牌首店集中亮相，其中包括全球首店 4 家、亚洲首店 2 家、中国首店 43 家；有首次进入中国的国际品牌首店，如御银座、路铂廷美妆、马吉拉香氛中国首店集中亮相上海国金中心商场；有已进入中国的国际品牌的全新概念店，如路易威登以经典四瓣花朵图腾为灵感来源设计的临时专卖店、杰尼亚的首个"杰尼亚绿洲花园"、星巴克的首个"向绿工坊"、亚瑟士的首个跑步行动社落地前滩太古里；有本土品牌国际化的融合首店，如大疆与记录人类首次登月的瑞典相机品牌哈苏合作打造的全球首个融合店等。此外，一批消费新地标亮相浦东。世界 500 强之首的沃尔玛旗下的山姆会员店，在外高桥开出中国首家旗舰店，这也是全球最大的山姆会员商店。金桥啦啦宝都是日本三井不动产在海外的首个"lalaport"商业项目。佛罗伦萨小镇二期由意大利著名商业地产集团 RDM 打造，其全新的家庭娱乐中心将升级奥特莱斯的消费新体验。2021年9月以来，浦东陆续推出了一批由知名商业地产商、零售商运营的消费新地标项目，其中包括佛罗伦萨小镇二期、啦啦宝都、山姆会员旗舰店、盒马X会员店（高青路店）、前滩太古里，新增商业面积超过30万平方米。于2021年9月30日开业的前滩太古里是太古地产在中国内地运营的第三个太古里项目，集聚了一批品牌旗舰店，首批开业的各类首店超过50家。盒马鲜生作为本土零售创新标杆企业，在浦东的第二家X会员店落户三林地区。这些拥有国际国内品牌及掌握供应链资源的"好项目"的落地，必将助推浦东国际消费中心的建设。

四是以国内国际双循环的战略链接为定位，推动浦东在国际消费中心建设中的开放高地与窗口作用取得明显成效。作为国内国际双循环的战略链接，浦东在国际消费中心建设中尤其注重发挥开放高地与窗口作用，深入推进制度创新和功能拓展。外高桥集团股份探索延伸自贸试验区产业链要素，统筹原有钟表珠宝、酒类、化妆品、国别商品等专业展示交易平台，提升服务能级，打造专业贸易服务平台集成馆，建成全球消费品保税展示交易中心。浦东将依托外高桥国家级进口贸易创新示范区，做强一批进口消费品集散平台，形成集消费品进口、分拨配送、保税展示、零售推广等于一体的服务链。外高桥国家级进口贸易创新示范区的营商环境优化改革也取得了明显成效。截至2021年9月，外高桥港综合保税区已建成50 000平方米的汽车保税存储仓库，下一步将积极引进更多知名进口汽车品牌和首发产品在区内开展保税存储展示业务，实现批量化、规模化运作。以进口汽车保税存储功能为例。2021年9月1日，随着首批两辆玛莎拉蒂从中国最

大的汽车滚装码头——海通码头,运送至 10 千米之外的外高桥港综
合保税区,进口车保税存储、展示业务功能在浦东引领区率先落地。
这些营商环境优化措施将大大减轻企业提前缴纳进口环节税收的资
金压力,缩短进口汽车从国外工厂到国内市场的时间,助力浦东成为
扩大国内需求的典范引领。首单玛莎拉蒂报税存储业务的开展,是继
外高桥港综合保税区揭牌,浦东成为中国唯一实现铜品种四个市场完
全流通地后的又一次创新。自此,进口汽车在浦东引领区可以不用再
“落地征税”,而是可以“保税存储”和“即销即税”。因此,以上的最新
改革措施使得企业可以等到在中国市场找到客户后再去缴纳税费,有
效地减少了企业的运营和资金成本。同时,消费者能有更好的消费体
验,国外高端产品与国内客户需求零距离对接获得了快速通道。这些
措施的推出不仅能够引领带动国内汽车消费升级的需求,也有利于区
港联动、自贸试验区和综合保税区政策叠加、供应链产业链集聚等优
势的充分发挥。未来,保税区域将着力建设具有全球影响力的高端进
口汽车展销集散中心,努力成为进口汽车的“中转站”,助力浦东建设
国际消费中心,打造面向全球市场的新品首发地、引领消费潮流的风
向标,助力上海建设国际消费中心城市。

五是以数字化转型为基础,在新零售与跨境电商跨界融合方面成
绩突出。上海多年来一直致力于消费创新转型发展,以消费者为中
心,瞄准新消费群体的数字化、个性化、定制化、场景化新需求,零售新
模式、新业态、新技术不断涌现。猩便利、苏宁智能 Biu 店、简 24、欧尚
盒子等无人店业态层出不穷。盒马鲜生、百联 RISO、超级物种、宝燕
商城等跨界零售新“物种”竞相登场。食行生鲜、厨易时代、强丰、易果

生鲜、万有集市等"互联网＋社区服务"新模式百花齐发。近年来,尤其是自新冠肺炎疫情暴发以来,上海为支持新型电商平台发展制定了相关的政策,同时通过"五五购物节"等方式助力新型电商平台影响力提升与品牌打造。表5.9 中总结了 2020 年上海出台的支持新型电商平台发展的政策。

表5.9 2020 年上海出台的支持新型电商平台发展的政策

| 出台时间 | 政策名称 | 主要内容 |
| --- | --- | --- |
| 2020 年 4 月 | 《上海市促进在线新经济发展行动方案(2020—2022 年)》 | 上海未来要加快推动在线新经济大发展,全力打响新生代互联网经济品牌,全力支持新生代互联网企业发展壮大<br>围绕生鲜、餐饮、农产品、日用品等领域,将持续推动传统零售和渠道电商整合资源,线上建设网上超市、智慧微菜场,线下发展无人超市和智能售货机、无人回收站等智慧零售终端<br>积极鼓励开展直播电商、社交电商、社群电商、"小程序"电商等智能营销新业态 |
| 2020 年 12 月 | 《市商务委关于促进本市直播电商创新发展若干措施的通知》 | 上海要打造具有全国影响力的直播电商平台,未来将形成一批在全国具有行业引领作用的直播电商平台,推动国内外头部平台在沪设立功能性总部,培育一批生活服务、工业品、农产品等专业直播电商平台<br>支持上海电子商务园区、电子商务基地、文创园区、产业园区等,结合特色产业发展,加强内容制造、视频技术、直播场景等直播基础设施建设,吸引和集聚优质直播平台、MCN 机构、专业服务机构入驻,形成集群效应 |

资料来源:上海市商务委员会网站。

浦东在新型电商平台自身发展模式创新与品牌建设的双向促进层面作出有效的探索。以坐落于浦东滨江大道的盒马鲜生为例,作为近五年内异军突起的生鲜电商平台,盒马鲜生创立以来实现了企业规模扩张迅速,业态模式不断创新,从供需两端持续发力,通过赋能老字号品牌、联名其他品牌、发展自有品牌等品牌发展战略,不断提高企业知名度,同时积极主动承担企业社会责任,维护企业声誉形象,在上海新型电商平台发展促进品牌经济发展方面发挥了很好的示范作用。

盒马鲜生之所以能够在生态完整、竞争激烈的快消领域脱颖而出,主要得益于其积极顺应智能化发展趋势,持续优化数字运营网络,推动供需相互促进的良性循环。在销售端,盒马鲜生通过全链路数字化运营,实现了线上线下统一销售与支付功能,实现了对消费者需求的识别、洞察与服务,近年来,盒马鲜生线上线下订单率不断攀升,其中线上占比超过 70%。在供给端,盒马鲜生通过零售科技将采购、生产、运输、运营等全链路数字化贯通,并将全球优质供应链体系与国内市场对接。它在国内已建立了 46 个常温和冷链仓、16 个加工中心、4 个活鲜暂养仓,并与全国 500 家农产品基地合作建成超过 120 个盒马村,通过技术和数据指导农业生产、运输、加工、销售等整个流程,实现从消费者到田间地头的订单农业。

以数字化为基础,盒马鲜生将经营模式上的创新逐步引导到品牌建设中。这不仅体现在其自身品牌价值的大幅提升上,同时它还通过优势互补、强强联合的商业合作,将其延伸到了其他企业与行业,产生了明显的品牌联动效应和良好的社会影响。盒马鲜生让消费者高效便捷地享受到买遍全球的购物体验,为浦东打造国际消费中心提供了新的实践样本。

### 5.3.5　浦东打造现代城市治理示范样板的发展基础

党的十八大以来，浦东紧紧围绕探索符合超大城区特点和规律的城市治理新路子这一命题，将中央要求和自身实际紧密结合，奋力推进城市治理理念和路径创新，率先构建经济治理、社会治理、城市治理统筹推进和有机衔接的治理体系，探索城市治理体系与治理能力现代化的浦东样本。浦东坚持党建引领城市治理创新，确保各项措施真正落到实处。浦东成立地区工作党委，设立浦东区域化党建促进会，下设陆家嘴、张江、金桥、外高桥、世博、临港、国际旅游度假区等 7 个片区委员会，在全区街镇和重点开发区域设 40 个分会，全面推行居民区"大党委制"，把加强党的领导贯穿于城市精细化管理、社会治理、公共服务、生态环境保护等全过程、各环节，实现党建全覆盖。在党的坚强领导下，浦东城市治理系统化、科学化、智能化、法治化水平不断提高，初步形成了党委领导、政府负责、社会协同、法治保障、科技支撑的城市治理体系，取得了显著成效。

一是全力应对新冠肺炎疫情重大挑战，充分彰显了中国特色社会主义制度的显著优势。浦东作为超大型城区，处于中国对外开放的前沿，突发疫情和各类安全风险因素集中，突发公共事件应急处置任务非常重。近几年来，尤其是 2020 年初新冠肺炎疫情暴发以来，浦东深入贯彻中央和上海部署，把维护城市安全放在重要位置，全力应对新冠肺炎疫情重大考验，切实防范化解重大城市安全风险，城市安全运行总体受控，为高质量发展奠定了重要基础。

一方面，面对境外新冠肺炎疫情输入巨大压力，取得来之不易的防控成效。面对突如其来的新冠肺炎疫情,浦东作为这场大考的重要阵地,坚决贯彻中央和上海部署,打了一场出色的抗击疫情的人民战争、总体战、阻击战,交出了一张不一般的答卷。从 2020 年初开始,浦东迅速打响抗疫阻击战,全面织密织牢疫情防控网,做实全覆盖、全流程、全闭环管理。作为中国最大的入境口岸区域之一,面对极其严峻的境外疫情输入压力,浦东严格落实外防输入、内防反弹要求,始终坚持科学防控、动态防控、联防联控,充分运用最新科技手段加强精准防控,因时因势调整防控策略,完善常态化疫情防控机制,构筑起了一道保障城市安全的牢固防线,取得了来之不易的抗疫成果。浦东不仅为上海,也为全国疫情防控工作作出了十分重要的贡献,值得高度肯定。

另一方面,切实维护超大型城区公共安全,突发事件应对体系不断健全。①浦东有全球吞吐量排名领先的海港、空港,人流物流高度密集,高层建筑数量远超其他地区,且危险化学品生产运输量较大,各类城市运行安全风险高度集中。面对严峻的安全压力,浦东牢固树立安全发展理念,不断健全风险监测、综合研判、预报预警机制,狠抓安全生产管理和灾害综合防治,安全事故总量保持下降态势。尤其是聚焦城市运行中易发高发的风险隐患和安全薄弱环节,加强对危险化学品、道路交通、消防安全、港口安全等重点领域的风险管控排查,挂牌督办隐患治理,推进企业安全标准化建设,安全生产形势持续稳定好转。同时,强化以千里江堤、千里海塘、城镇排水和区域除涝等"四道防线"为骨架的防汛体系,提升灾害防御和应对能力。此外,不断加强

———————————

① 《上海市应急管理"十四五"规划》。

多元应急救援力量建设,有力推进国家综合性消防救援队伍转制改革,强化专职消防队、志愿消防队和微型消防站等消防救援力量,大力发展应急救援专业队伍,突发事件救援能力进一步提升。

二是以打造"城市大脑"为牵引,实现浦东城市运行智能化和精细化程度加快提升。浦东各类经济要素高度密集,人流量巨大,城市运行管理任务十分繁重。近年来,浦东率先探索运用智能科技手段,打造全域感知的"城市大脑",构建"一网统管"数字化平台,推动城市治理流程的革命性再造。尤其是2020年7月以来,浦东探索将经济治理、社会治理、城市治理三大平台和相关场景进行深化整合,打造一体化平台,极大提升了整体效能。

一方面,构建"一网统管"数字化平台,全面提升城市运行管理智能化水平。针对以往城市治理条块分割、各自为政,以及问题感知灵敏度不高、协同处置合力不强等问题,浦东在以往网格化管理平台的基础上,充分运用智能科技手段,率先构建以"一网统管"平台为载体的"城市大脑",推进城市运行管理的数字化再造和体制机制创新。具体包括:设立浦东新区城市运行综合管理中心,作为统筹城市运行管理的平台载体;推进跨部门数据充分共享,打造全方位智能场景模块;强化部门协同处置能力,构建高效能发现和处置体系;等等。①尤其值得一提的是,自2020年下半年以来,浦东注重经济治理、社会治理、城市治理的统筹推进和有机衔接,按照"同一类对象管理向一个应用场

---

① 容志:《技术赋能的城市治理体系创新——以浦东新区城市运行综合管理中心为例》,《社会治理》2020年第4期;中共中央组织部编:《贯彻落实习近平新时代中国特色社会主义思想、在改革发展稳定中攻坚克难案例——社会建设》,党建读物出版社2019年版,第368—379页。

景集成"的原则,对三大治理平台进行全领域整合集成,形成了复制推广"1＋3＋7"清单,即1个总体方案、3套制度规范、首批7个群众需求强烈的民生类治理场景。①2020年12月,浦东"城市大脑"升级版启动上线试运行。2021年4月,在整合集成之前经济治理104个场景、城市治理50个场景和社会治理11个场景的基础上,又推出了57个整合场景,充分体现了从以部门为中心向以服务对象为中心的转变。以养老行业监管场景为例,浦东共梳理出38个治理要素,其中城市治理分成场所、设备等要素,经济治理分成人员、资金、经营等要素,社会治理分成信访舆情、独居老人紧急救助等要素,充分覆盖了各类问题,以需求为导向推动各方治理职责全覆盖衔接。

另一方面,聚焦"三个美丽",推动城市精细化管理不断取得实效。2018年起,浦东成立由区委、区政府主要领导担任"双组长"的城市管理精细化工作推进领导小组,发布《浦东新区加强城市管理精细化工作三年行动计划(2018—2020年)》,综合运用法治化、标准化、智能化、社会化手段,努力实现精细化管理的全覆盖、全过程、全天候,统筹推进"美丽街区""美丽家园""美丽乡村"建设,并明确14大类47小类工作任务。行动计划实施三年来,取得了积极成效,市容市貌进一步改善。具体包括:创建"美丽街区",提升市容环境品质;建设"美丽家园",提升居民小区服务能级;打造"美丽乡村",提升乡村宜居性。浦

---

① 王延:《加快构建"三大治理"统筹推进和有机衔接的治理体系,浦东形成可复制推广"1＋3＋7"清单》,《浦东时报》2021年5月6日。"1个总体方案"即全面推进三大治理平台深化整合的工作方案;"3套制度规范"包括经济治理领域的"六个双"和"四个监管"制度规范、社会治理领域的"家门口"服务规范、城市治理领域的"城市大脑"3.0设计标准;"7个治理场景"包括物业管理、垃圾分类、医疗机构、养老服务、智慧气象、渣土治理和群租治理。

东加强城市精细化管理受到了各方面的好评。在国家统计局浦东调查队开展的浦东 2020 年度工作满意度调研中,浦东居民对城市管理绝大部分领域的评分都有不同程度的提高,其中对水环境治理、垃圾综合治理、市容市貌管理、住宅小区治理、农村环境提升、交通组织管理和施工组织管理等都给予了"比较好"的评价,反映出居民总体上认可浦东城市管理水平的提升,市民满意度逐步提升。

三是以共建共治共享为核心,推动浦东超大城区社会治理创新不断取得新进展。近年来,浦东努力把握超大城区治理规律,坚持做强街镇、做优社区、做实基础、做活治理,持续深化基层社会治理创新,打造共建共治共享的治理格局,积极探索治理能力和水平快速提升的浦东样本,形成了许多特色做法和典型经验。

首先,大力强化基层街镇和社区治理能力。和上海其他区不同,浦东辖区面积大,行政区划面积 1 210 平方千米,下辖 12 个街道、24 个镇。为破解快速城市化和大区域管理带来的诸多难题,浦东坚持"小政府、大社会"的治理理念,着力推进体制机制创新,实行重心下移、资源下沉,为基层治理赋权增能。一方面,做实做强街镇管理服务资源。重点推行了两大改革举措,包括推进"1+6"体制改革①,进一步下沉区域管理权。②另一方面,率先探索"镇管社区"模式。为强化城市化进程

① "1+6"改革是 2015 年起上海开展的进一步加强基层建设、创新社会治理的这项改革的简称。"1"是《中共上海市委上海市人民政府关于进一步创新社会治理加强基层建设的意见》;"6"是涉及街道体制改革、居民区治理体系完善、村级治理体系完善、网格化管理、社会力量参与、社区工作者的 6 个配套文件。
② 《经验交流 | 强基层绣针之功 筑大城善治之基——上海市浦东新区积极探索社区治理规范化精细化路径》,澎湃新闻,2020 年 9 月 16 日,https://www.thepaper.cn/newsDetail_forward_9201278。

中的大镇治理能力,2015 年以来,浦东在规模较大的郊区和快速城市化地区设置基本管理单元。至 2020 年,浦东已建立 48 个基本管理单元,运行 56 个镇管社区。镇管社区中的"社区"并非行政层级,而是在镇与居村委之间搭建的覆盖各居住区的综合管理平台和协商共治平台。在基本管理单元内,建立"两委一中心"(即社区党委、社区委员会、社区中心),配置社区事务、社区卫生、社区文化等各类服务设施,落实相应的公安、城管执法、市场监管等管理执法力量。

其次,构建"家门口"服务体系。①过去浦东基层服务还存在一些不到位的地方,街镇社区服务中心离居民尤其是农村居民较远,村居服务功能分散在各个条线。自 2017 年 5 月以来,浦东大力开展"家门口"服务体系建设,推动资源下沉到城乡社区。"家门口"服务体系不增加机构编制和人员,包括街镇中心、村居服务中心(站)、村宅延伸服务点等各级服务站点,为居民提供就近、便利的基本公共服务。在村居"家门口"服务中心(站),主要是做实"四站一室"(即党建服务站、市民事项受理服务站、文化服务站、联勤联动站及卫生室),通过自上而下的方式,将资源、服务、管理力量下沉到村居"家门口",实现了生活小事不出村居、教育服务就在身边。经过几年来的努力,"家门口"服务体系已在所有 1 300 多个居村实现全覆盖,基层治理服务环境格局焕然一新。通过这一载体,最大程度将居村干部的办公地转化为群众的活动地,服务空间比原来扩大了两三倍,彻底去除居(村)委会行政

① 《经验交流｜强基层绣针之功　筑大城善治之基——上海市浦东新区积极探索社区治理规范化精细化路径》,澎湃新闻,2020 年 9 月 16 日,https://www.thepaper.cn/newsDetail_forward_9201278;刘靖北:《建在"家门口"的服务体系》,《光明日报》2020 年 5 月 15 日。

化色彩；通过统一规范"家门口"各类标识标牌，开展党群服务、政务服务、生活服务、健康服务、文化服务、法律服务、城市管理和公共安全等七大服务，让群众能够就近方便地找到服务站点。"家门口"服务体系真正成为党组织联系基层群众的枢纽，也为居民协商议事搭建了平台，受到居民的一致好评。

再次，完善社区自治共治格局。①社区是城市治理的细胞。近年来，浦东不断深化完善"两级政府、三级管理、四级网络"的管理体制，坚持民主协商和公众参与，引导市民群众自我管理、自我教育、自我服务和自我监督，构建共治共享的城市治理格局。（1）积极推进居民自治。搭建居（村）委会自治平台，落实完善居（村）委会民主选举制度，切实加强居（村）委会自身建设，引导和支持居（村）委会在基层自治中发挥主要平台作用。2015 年起，浦东将始创于陆家嘴街道的"自治金"模式拓展到所有居民区，积极支持居民区自治项目建设和组织体系建设，不断提升居民自治水平。自 2017 年以来，浦东又结合"家门口"服务体系建设，出台了《居委会管理服务规范》，做实"三会一代理"制度，努力从制度规范入手将基层民主议事自治落到实处。（2）搭建社区共治平台。以社区代表会议和社区委员会为载体，积极搭建社区共治平台，畅通居民诉求表达渠道，建立意见征询制度，让群众能够有效参与基层治理。在街道和镇管社区层面，浦东由社区党委牵头社区党建联席会，并由社区委员会牵头社区建设联席会，积极组织驻区单位共同参与共建共享。此外，浦东还探索通过"跨

---

① 杨婷：《浦东社会治理创新的主要实践探索》，《社会治理》2020 年第 4 期。

小区"的区域化共治,动员社区内居民、机关、企事业单位和社会组织共同参与社区治理,打破各个小区和单位的界限,打造富有活力的社区治理共同体。

最后,积极培育发展社会组织。①浦东社会组织建设起步较早,社会组织在承接政府职能转移、引导社会参与等方面发挥着重要作用,成为多元化社会治理的重要力量。目前,浦东社会组织总数达到 2 288 个,约占上海总量的 1/7。浦东采取多种方式支持社会组织发展,在区层面搭建浦东公益街、浦东公益园等社会组织孵化平台,在街镇层面建立了社会组织服务中心、社区社会组织联合会和社区公益基金会,在社区层面建立了洋泾"891 公益坊"、"浦兴大爱园"等一批社会组织园区,并出台了相应扶持政策,重点鼓励发展提供社区生活服务、促进基层治理和社区参与、满足文化体育需求、推动社区互助救助的四类社区社会组织。浦东积极推进政府购买服务,打造"公益活动月"品牌活动,各街镇也纷纷推出公益周、公益节等活动,引导社会组织参与社会治理,在社区服务、养老助困、青少年教育等诸多领域发挥了积极作用。

四是紧紧围绕突出民生问题,努力构建与浦东发展阶段相适应的公共服务体系。近年来,浦东着力构建大民生格局,更加注重普惠性、基础性、兜底性,在保障和改善基本民生的基础上,着力提高公共服务的均衡化、优质化水平,满足居民教育、卫生、养老、住房等多层次、多样化需求,人民群众的幸福感和获得感不断增强。

---

① 杨婷:《浦东社会治理创新的主要实践探索》,《社会治理》2020 年第 4 期。

基本实现社会事业"15分钟服务圈"全覆盖。[1]2017年4月,浦东着手布局社会事业"15分钟服务圈",区委出台《关于加快推进社会事业"15分钟服务圈"建设的实施意见》,旨在完善基本公共服务资源的空间配置,为城乡居民提供更均衡、更便捷、更优质的公共服务。在具体做法上,浦东以社区为单位,以居(村)委为起点,在15分钟慢行可达范围内,配置教育、卫生、养老、文化及体育等社会事业5个领域的21项基本公共服务设施。在设施配置上,结合城市化地区、城镇化拓展区、远郊地区的人口密度分类和交通路网现状,一方面根据人口总量有效供给,如每万人配建一所幼儿园,每2.5万人配建一所小学和一所初中,每30万—50万人配建一个区域医疗中心,每万人配一个公共运动场或健身步道等;另一方面根据人口结构精准供给,通过分析人口的年龄、性别、学历等结构特征,适当调整不同类型公共服务设施的建设时序和供给比例。通过坚持不懈的努力,浦东2020年基本建成了社会事业"15分钟服务圈",公共服务布局进一步加密和优化,2018年以来教育、卫生、养老、文化、体育等5类公共服务设施量增加1 116项,其中学校增加53所,医疗机构增加51个,养老机构增加458个,体育场馆增加456个,文化场馆增加98个。

就业服务和社会保障不断加强。(1)就业形势总体平稳。在经济下行压力不断加强的情况下,实施积极的促进就业政策,浦东城镇登记失业人数始终控制在市下达指标内,牢牢守住了"稳就业"底线。努力以创业带动就业,浦东成功创建"全国青年创新创业示范区",

---

[1]  许素菲:《让群众拥有更多的获得感幸福感,"15分钟服务圈"实现全覆盖》,《浦东时报》2021年4月19日。

帮助一大批创业青年实现事业梦想。实现离土农民就业服务全覆盖。
(2)社会保障体系不断健全。进一步拓宽医保覆盖面,将来沪从业人
员和被征地人员纳入职工医保范畴,职工医保、城乡居民医保基本实
现应保尽保,开展个人账户结余资金购买商业保险试点。异地就医
门诊直接结算实现"应联尽联"全覆盖。做好被征地人员社会保障
落实工作,原镇保人员平稳纳入职工基本养老保险体系,人均养老金
从 1 485 元/月提升到 2 217 元/月。不断提高残障人士、孤儿和困境
儿童等各类群体关爱保障水平,浦东在上海社会救助绩效评价中连续
三年取得全市第一。

养老服务体系不断加强。在老龄化程度不断提高的背景下,浦东
不断加大养老服务体系建设力度,形成居家养老、社区养老、机构养老
服务协同互补的良好格局。居家养老在养老体系中占主导地位,同时
社区养老服务加快发展,浦东各类养老机构的养老床位超过 31 529
张,约占户籍老龄人口的 3.1%。50 家综合为老服务中心实现 36 个街
镇全覆盖,一批长者照护之家、老年人日间照料中心、老年人助餐点、
农村养老睦邻互助点、家门口养老服务点相继建成,较好满足了养老
服务需求。积极发展城区"嵌入式"养老和郊区"互助式"养老,老年宜
居社区建设全面推进。在上海率先进行高龄老人护理保障计划试点,
积极开展长期护理保险服务,截至 2020 年 12 月底,累计受理长护险
申请 16.67 万人,组织评估 14.71 万人,接受服务 6.7 万人。

高质量教育体系加快形成。基础教育供给规模不断扩大,截至
2021 年 6 月底,浦东共有中学、小学、幼儿园、职业高中、工读和特殊教
育学校等各类教育事业独立法人单位 639 所,在校学生 51.06 万人,教

职工 49.44 万人,基础教育规模总量占全市的 25%。教育投入力度逐年加大,"十三五"期间教育经费投入从 127.87 亿元增长到 183.82 亿元,生均公用经费稳步提高。优质教育资源比例明显扩大,2020 年公办优质幼儿园占比上升至 80%;通过实施市、区两级初中强校工程,2020 年义务教育阶段新优质学校增加到 68 所,占浦东公办学校比重达到 25%;在市、区两级实验性示范性高中就读学生比例进一步提高。公办学校覆盖率达到 85%,民办学校特色进一步凸显。高校与基础教育联合办学增加到 21 所,对提升基础教育质量发挥了积极的带动作用。

卫生健康服务水平不断提高。浦东人均期望寿命、孕产妇死亡率、婴儿死亡率等三大健康指标均达到发达国家水平,其中户籍人口人均期望寿命达到 84.76 岁。2020 年,浦东已拥有 9 家市属三级医院、6 家区属三级医院、11 家二级医院、47 家社区卫生服务中心、125 个社区卫生服务站、336 个村卫生室,基本形成以市级医学中心为支撑、区级医院为骨干、基层卫生医疗机构为基础的多层次医疗服务体系。浦东共有 23 个国家级临床重点专科、11 个市级重中之重临床医学中心、10 个市级医学重点专科,高质量学科建设成果显著。近几年,上海肿瘤医院东院、东方医院新大楼等一批医疗设施投入使用,国家儿童医学中心、长征医院浦东新院、上海九院祝桥院区等市级优质医疗项目稳步推进。医疗卫生体制改革深入推进,公立医院改革进一步深化,药品在上海"阳光采购"平台全量线上采购,强化用药监测和合理用药考核,医疗卫生均衡、优质、可持续发展水平不断提高。

　　五是加快推进宜居城区建设,浦东生态环境质量和城市品质进一步提升。[①]2000 年以来,浦东按照全市统一部署,滚动实施了七轮环保三年行动计划,全面加强环境保护和生态建设,一批突出环境问题得到解决,整体环境质量明显改善。近几年来,浦东进一步落实国家层面减污降碳总要求,聚焦大气、水、土壤、固废污染防治和生态保护等重点领域,打好污染防治攻坚战,加快推进生态环境治理体系和治理能力现代化,谱写了建设美丽城区新篇章。

　　首先,生态空间建设成效明显。近年来,浦东加快构建"一核、双环、三网、多点"的生态网络,以生态廊道、楔形绿地为重点提升生态品质,以高品质公共空间扮靓城市名片。截至 2019 年底,浦东绿地总量达到 317.49 平方千米,人均公园绿地达到 12.9 平方米,这在寸土寸金的浦东实属不易。浦东城市公园总数达到 53 座,为改善休憩空间建设的口袋公园有近 50 个,合庆郊野公园一期也已建成并试运行。尤其值得一提的是,近年来,浦东加快打造黄浦江世界级滨水区,下大力气推进东岸公共空间贯通 22 千米,并完成漫步道、跑步道、骑行道的全面贯通,实现还江于民。建成一批优美宜人的生态绿道,如环世纪公园绿道、张江浜绿道、金科路绿道、川杨河绿道等,"十三五"期间共建成绿道 113 千米。切实加强湿地保护,九段沙湿地国家级自然保护区的核心范围约 420 平方千米划入生态保护红线,保护力度进一步加大。

---

　　① 《各地环保头条｜上海浦东新区生态文明建设历程与展望》,澎湃新闻,2020 年 4 月 21日,https://www.thepaper.cn/newsDetail_forward_7074179;章磊:《天更蓝,地更绿,水更清,未来浦东更吸睛》,《浦东时报》2021 年 3 月 5 日。

其次,整体环境质量显著改善。(1)加强水环境治理。浦东水网密布,1.6万多条大大小小的河道、湖泊串联着全区,确保水环境清洁十分重要。近年来,浦东加快推进污水处理设施建设,已建成城镇污水处理厂4座,污水总管7条、支线70条。浦东设置区级、街镇级、村居级三级河长体系,坚持水岸联动治理。浦东已全面消除黑臭河道,基本消除劣V类水体,重要水功能区水质达标率达到100%,744个水质考核断面全部达标,初步实现"河畅水清景如画"的整治效果。(2)加强大气环境治理。2013年按照全市统一部署,浦东开始实施第一轮清洁空气行动计划。2018年起实施第二轮清洁空气行动计划,聚焦能源、产业、交通、建设、农业、生活等6大领域,通过产业结构调整、能源结构优化、扬尘污染治理等一系列举措,促进空气质量状况持续改善。2019年底,浦东空气质量指数(AQI)优良率86.2%,其他污染物均达到相应国家环境空气二级标准。(3)加强固废治理。全面推行生活垃圾分类,实现生活垃圾分类基本全覆盖、原生生活垃圾"零填埋",生活垃圾无害化处理率达到100%,资源回收利用率达到33.7%。加快环卫基础设施建设,围绕干垃圾处置相继建成御桥垃圾焚烧厂、黎明垃圾焚烧厂,围绕湿垃圾处置完成黎明有机质厂建设一期和扩建项目,建成25个湿垃圾就地处置点,处理能力约200吨/日,对浦东实现垃圾减量分类处理起到重要支撑作用。(4)推进土壤污染防治。尤其是把工业用地污染防治放在重要位置,开展重点行业、重点企业用地的土壤污染状况调查,加快建立土壤环境质量数据库,并以整体转型区域为重点开展污染土壤治理修复。对于减量土地,根据地块实际情况,采取"宜农则农、宜林则林"的原则,逐步恢复生态功能。

　　最后,环境治理制度体系不断完善。实行最严格的源头保护制度和责任追究制度,完善环境治理和生态修复制度,努力用制度保护生态环境。落实环境保护和生态建设责任。全面落实环境保护"党政同责、一岗双责"的要求,全面强化职能部门主体责任和各街镇属地责任,加强监督考核和执纪问责,把环境管理责任落到实处。落实环境影响评价制度。严格执行"批项目、核总量"制度,全面开展产业园区规划环境影响评价,严格设定区域环境容量和排放总量,实行企事业单位污染物排放总量控制制度。此外,加快环境污染监测体系建设,实现水环境、大气环境、声环境监测系统全覆盖,建成一批空气自动监测站点,完成重点监管废水企业排污口的在线监测系统安装,并实现联网监控。对造成生态环境损害的责任者严格实行赔偿制度。

# 第6章　浦东社会主义现代化建设引领区的战略路径

　　浦东打造社会主义现代化建设引领区的大幕拉开,战略上再深化、行动上再精准、政策上再加力,延续更高使命和更大担当,以新突破、新作为努力交出无愧于人民的新答卷。浦东秉持阶段递进的战略路线,由构建整体战略框架、落实基本战略功能进阶到推动核心任务升级,扎实推进现代化经济建设、功能建设及城市建设等。精准聚焦关键领域和建设重点,瞄准双循环新模式新样板打造、"四大功能"核心区建设强化和全方位制度体制改革深化靶向发力,以重点突破推动整体成势。政策保障注重横向协同、纵向深化和空间联动,遵循多元主体协同、功能迭代升级、区域分工联动、存量增量互动、内外双向赋能、系统集成攻坚、改革法治双轮驱动及软硬实力并进赋能的制度建设方向,以政策合力激发发展潜力,推动浦东在新征程上开创新成就。

## 6.1　浦东社会主义现代化建设引领区的战略路线

### 6.1.1　构建整体战略框架

浦东政府部门已陆续推出关键领域和重要区域的"十四五"规划，奠定社会主义现代化建设引领区的发展框架和发展基础。"十四五"期间，如表 6.1 所示，浦东将从功能建设、改革开放、城市建设、空间布局等方面入手，全面落实各领域的相关实施方案，在 2025 年实现打造社会主义现代化建设引领区取得重大进展，经济能级实现大幅提高，全面深化"五大中心"建设，实现功能更加强大、城市更加智慧、服务更加亲民，更好地服务长三角一体化发展和双循环新发展格局。

表 6.1　浦东各领域的"十四五"规划相关内容

| 规划领域 | 着 力 点 | 发 展 路 径 |
| --- | --- | --- |
| 功能建设 | 国际贸易中心核心区 | 形成贸易结构更完善、贸易主体能级更高、资源配置能力更强、贸易功能更突出的国际贸易中心核心区 |
| | 国际航运中心核心区 | 打造成为全球领先的海空枢纽门户、国际航运改革系统集成地、高端航运产业集聚地、智能航运创新策源地、航运服务效能示范地，基本建成航运资源高度集聚、要素流动协同高效、规则标准接轨国际、航运服务品牌凸显的国际航运中心核心区 |
| | 国际金融中心核心区 | 建设成为金融资源高度集聚、制度规则与国际接轨、在岸离岸统筹发展、全球资源配置能力明显增强，有力支撑中国经济高质量发展和人民币国际化的国际金融中心核心区 |

续表

| 规划领域 | 着力点 | 发 展 路 径 |
|---|---|---|
| 功能建设 | 国际科技创新中心核心区 | 努力实现"六个一批",形成一批基础研究和应用基础研究的原始创新成果,攻克一批关键核心技术,产出一批高价值知识产权成果,壮大一批硬核高新技术企业,打造一批世界级创新集群,成就一批领军创新创业人才 |
| 改革开放 | 经济治理 | 围绕"五大体系"建设,加快实现经济治理、社会治理、城市治理统筹推进和有机衔接,率先打造形成经济发展高质量、市场机制更高效、市场主体增活力、经济安全有保障的现代化经济治理格局 |
| | 国资国企发展 | 进一步提升质量效益、做强企业能级、优化国资布局、推进国企改革、提高监管效能、做大区域共享、加强党的建设 |
| | 乡村振兴 | 成为城乡融合发展先行区、农业农村现代化引领区、乡风文明治理样板区,打造产业发展活力高地、生态环境宜居高地、乡风文明建设高地、乡村治理现代化高地和居民生活品质高地,率先基本实现农业农村现代化 |
| 城市建设 | 数字化转型 | 实现一个窗口、两个面向、三大典范、四大引领的"一二三四"发展目标,成为彰显上海现代化国际大都市数字化转型影响力的最前沿窗口和面向全球、面向未来的数字城市 |
| | 城市管理精细化 | 逐步形成"1+4+2"城市管理精细化基本格局 |
| | 卫生健康 | 建设以人民健康为中心的整合型、智慧化、高品质健康服务体系,实现更高效率的资源配置,开展更高标准的行业监管,建设更高水平的公共卫生体系、更高质量的医疗服务体系、更高素质的人才队伍 |
| | 就业和社会保障 | 促进更高质量和更充分就业,促进劳动关系和谐稳定,推动实现更高质量的社会保障 |

续表

| 规划领域 | 着力点 | 发展路径 |
|---|---|---|
| 城市建设 | 交通体系 | 基本建成与国际化大都市相适应的"立体互联、区域引领、多样融合、管理创新"的综合交通系统,着力建设联络全球、服务全国的空铁一体、高效衔接的大型国际综合交通枢纽,着力构建易达长三角、畅达全市的互联互通陆路交通体系,着力打造层次丰富、多网融合的客运交通系统,着力形成智能服务、分区施策、满足多元化需求的交通管理体系 |
| | 教育 | 打造"五育并举、公平优质、开放融合、活力创新"的新时代浦东教育品牌 |
| | 生态建设和生态保护 | 力争实现碳排放达峰,生态环境持续改善,生产生活绿色转型成效显著,资源利用效率更加高效,生态安全屏障更加牢固,生态系统服务功能增强,人与自然和谐共生的美丽浦东建设取得积极进展,基本形成"生态宜居、安全高效、功能复合、彰显魅力"的人民城市绿色发展新格局 |
| 空间布局 | 中环 | 建设成为融合城区、高效城区、品质城区 |
| | 沿江区域 | 公共空间品质持续提升,高端服务产业加快集聚,文化保护传承更加有效,生态环境建设成效显著,滨水城市管理智能高效 |
| | 世博片区 | 全面建设"商务会展功能凸显、总部企业机构集聚、文化休闲空间多样、国际交流丰富多元"的世界级中央公共活动区 |
| | 国际旅游度假区 | 初步形成"1+5+N"的产业体系及"一核四片三带"联动发展的格局,实现体验经济的创新引领区、文旅消费的中心节点和长三角文旅要素的配置平台("一区一节点一平台")的阶段性战略目标 |
| | 自贸试验区陆家嘴片区 | 加快建设全球人民币金融资产配置中心、世界级总部功能集聚高地和国际化一流营商环境示范区,着力将陆家嘴金融城建设成为"金融机构集聚、金融人才密集、要素市场完备、资本集散功能集中、金融科技应用丰富、金融产业生态完整"的上海国际金融中心核心区和与中国国际地位相匹配的国际一流金融城 |

续表

| 规划领域 | 着力点 | 发展路径 |
|---|---|---|
| 空间布局 | 自贸试验区金桥片区 | 聚焦提升数字创新与智能制造能力,打造特色园区产业生态,集聚技术驱动型企业,建设具有全球影响力的"金桥智造城" |
| | 自贸试验区保税区片 | 全面倍增经济规模,全面提升枢纽能级,全面增强效率动能,全面提速联动融合,全面提高园区品质 |

资料来源:根据浦东新区人民政府网站发布的各领域"十四五"规划整理而得。

### 6.1.2 落实基本战略功能

浦东在 2026—2035 年间基本实现城市竞争力和影响力位于世界前列,现代化经济体系全面构建,开放、创新、高品质的现代化城区全面建成,现代化治理全面实现。这一阶段的核心任务是在功能框架全搭建的基础上,对标全球顶尖城市,持续充实和夯实功能内核。全面升级城市功能,推动国际金融中心、国际贸易中心、国际航运中心及国际科技创新中心核心区建设取得显著成效,全方位优化国际消费中心建设。加快全面构建现代化经济体系,加快实现人力资源、实体经济、现代金融和科技创新的协同发展。完善现代化城市建设,进一步优化轨道交通、生态环境、公共服务、消费环境及空间格局等,全面提升人民的生活品质。强化现代化城市治理体系,全方位推动城市数字化、智慧化、绿色化,加快建设人民城市。

### 6.1.3 推动核心任务升级

浦东在 2036—2050 年间全面建成在全球具有强大吸引力、创造力、竞争力、影响力的城市重要承载区,全球服务形成顶级配置力,科技创新形成前沿驱动力,产业集群形成世界影响力,宜居城区形成家园感召力,成为社会主义现代化强国的璀璨明珠。这一阶段的核心任务是,在浦东引领区功能完备的基础上巩固发展成果,以经济内生动能实现可持续发展。推动全球要素配置高地形成,推动人才、资金、数据、技术等要素在浦东自由充分流动,使浦东成为全球贸易、投资、创业的最佳目的地。加快实现以创新赋能经济可持续发展,使新产品、新发明、新创意、新产业不断涌现。推动城市品质全球领先,建设成为服务有温度、居住有品质的人民城市,实现居民共享安全感、获得感、归属感和幸福感。

## 6.2　浦东社会主义现代化建设引领区的关键领域

### 6.2.1　打造双循环新模式新样板

#### 1. 应对后疫情时代的全球化调整

新冠肺炎疫情的冲击使全球经贸和国际关系波澜暗起,全球化走向面临众多险滩和急流。在后疫情时代,经济全球化可能陷入停滞,社交隔离抑制全球贸易的正常运转,但正如习近平总书记在2022 年世界经济论坛视频会议上所指出的,"经济全球化是时代潮流",各国应该分工协作进而实现互利共赢。经济全球化在变局中呈现新的特质而非结束,因此,中国如何适应全球化转型过程中的挑战亟须进一步研究,浦东应率先围绕全球化的新特质"挑最重的担子、啃最硬的骨头",积极探索社会主义现代化建设引领区的建设和发展路径。

在全球化转型的背景下,浦东应该提升全球竞争力和话语权,以"先手棋"锁定突破点。一是加强科技创新能力和服务配套能力建设,适应全球化的驱动机制由单一的"贸易全球化"或"生产全球化"向"多元全球化"的转变(朱晟君等,2022)。全球供应链和产业链的衔接和布局呈现本土化、数字化及智能化等新特征,要以自主创新占据经济飞跃发展的新空间。浦东面临国际分工转移和创新激烈竞争的变局,需积极发挥扩需提质和自主创新的引领典范作用,推动产业链、价值链及创新链升级。二是主动融入全球治理体系的革新以及国际规则、跨国沟通机制的重构进程,推动全球化向更加平等、包容转型。浦东充分发挥对外开放的窗口作用,提升对外开放的广度、强度和层次,在全球治理体系中实现参与者向领跑者的转变,助力全球公平正义的实现。

## 2. 加快对接全球产业链、创新链

重视存量优化和增量扩展的双向并行。新科技革命推动全球产业链、供应链与价值链布局重塑。短期看,全球产业链、供应链部分环节仍面临不稳定因素,芯片等全球供应紧张,汽车、消费电子行业产能受到影响。长期看,新冠肺炎疫情冲击将加速全球产业链、供应链重构,贸易保护主义、单边主义上升,由追求效率向兼顾安全与效率转变,产业链、供应链布局趋于区域化、本土化、短链化。特别是近年来世界经济低迷,新冠肺炎疫情的暴发因物理层面的封锁和对经济造成的负面影响,将在很大程度上加剧这一过程。该过程导致的重要后果就是全球产业链进入重构阶段,欧美日等国开始主张产业链的"去中国化"发展,引导跨国企业的制造业部门向本国回流。因此,下一轮产业链的优势企业可能会有多元化、分散化的倾向,中国如同以往那样大量吸引增量跨国企业来华进行产业链布局将受到挑战,甚至已有存量也可能成为被调整对象,因此浦东需要做强存量、做大增量,在"双循环"新发展格局中形成动态平衡。

重视新兴技术和制度变迁的耦合互动。当前第四次科技革命方兴日盛,人工智能、物联网、清洁能源、大数据、机器人等代表性技术融合发展,有望推动生产方式向信息化、数字化、智能化转变。但科技革命新变局下解构和新生、挑战和机遇往往相伴而生,因此新一轮科技革命迫切要求结构重建和制度变迁。加快制度体系覆盖新产业和新职业,新一代信息技术推动网约车、电商、送餐等平台经济的蓬勃兴起,在系统性优化灵活的用工模式下,建全关于劳动者身份核实、社会保障、用工监管等的制度。同时,围绕"人"在就业规模、就业结构及人才质量等领域下功夫,提升人民的归属感和获得感。科技革命下自动化、机械化设备替代人力劳动,尤其人工智能的快速发展使复杂劳动自动化成为可能,科技革命和生产力的快速提升激发新的工作岗位和劳动力需求,但就业规模和结构在替代效应和创造效应叠加下呈现较大的不确定性,因此需切实保障居民生活有所依、劳动有所得。此外,探索运用"数据"新要素优化城市治理体系,信息技术的新发展推进信息的互联互通和传播速度,积极运用大数据降低社会治理进程中的信息不对称性和不透明度,推动社会治理模式智慧化,同时加快构建用户数据保护和运用监管机制。

### 3. 加速贯通内外循环新发展格局

世界正经历前所未有之大变局，中国"加快构建以国内大循环为主体、国内国际双循环相互促进的新发展格局"，推动经济高质量发展。旧发展阶段以投资拉动为主，保持了较高的经济增速，但随着中国人口红利下降、资本报酬递减和环境保护要求提高等，经济发展追求高质量胜于高增速，浦东应该敢于担当"双循环"新发展格局的关键节点，由内而外破除阻滞从而释放经济活力。

推动内外贸一体化。2020年5月14日，中共中央政治局常委会会议首次提出"深化供给侧结构性改革，充分发挥我国超大规模市场优势和内需潜力，构建国内国际双循环相互促进的新发展格局"。2020年10月，党的十九届五中全会通过《中共中央关于制定国民经济和社会发展第十四个五年规划和二〇三五年远景目标的建议》，将"加快构建以国内大循环为主体、国内国际双循环相互促进的新发展格局"纳入其中。由此，"双循环"新发展格局成为党中央在国内外环境发生显著变化的大背景下，推动中国开放型经济向更高层次发展的重大战略部署。在此背景下，促进内外贸一体化、完善内外贸一体化调控体系具有重要意义。促进内外贸一体化是稳定外贸基本盘，保障外贸产业链、供应链畅通运转的重要举措，有利于帮助涉及近2亿人就业的外贸企业纾困发展；有利于外贸企业有效用好两个市场、两种资源，确保供应链、产业链的稳定、安全与畅通；有利于我们借助国际市场长期形成的通用国际规则，改善国内营商环境，实现制度型开放。这也是更好地满足国内消费升级需求的重要手段。

协同运用国际国内两种市场。2019年6月，习近平总书记在圣彼得堡国际经济论坛全会上指出，"新兴市场国家和发展中国家的崛起速度之快前所未有，新一轮科技革命和产业变革带来的新陈代谢和激烈竞争前所未有，全球治理体系与国际形势变化的不适应、不对称前所未有"，这一判断揭示了新发展格局的大背景和着眼点。一是积极激发新发展阶段的内需潜力，充分调动国内市场的活力。发达国家的经验表明，在实现中等收入国家向高收入国家跨越的过程中，居民的消费比呈现上升趋势。中国的储蓄率常年维持 40% 以上并高于世界平均水平，2020 年中国居民的储蓄率为 45.71%①，因此需要着力以内需带动国内大循环运转。二是在不利的国际环境中更为主动、积极地利用国内外资源和市场，构建更加开放的国内国际双循环体系，实现安全和发展协调并进。新兴国家力量的崛起打破世界权力中心常位于西方世界的旧格局，部分发达国家采取技术封锁等手段应对其他国家崛起所带来的压力。外需和供应链的波动冲击中国以往资源和市场两头在外的发展模式，因此需更多依靠自我发展化解对外部经济较强的依赖性。

### 4. 形成区域一体化战略新引擎

推动浦东形成区域一体化战略新引擎，加强与其他城市、其他区域的协同发展。推动浦东在六大区域重大战略中找准定位，实现功能互补。中国已形成"3＋2＋1"的六大区域重大战略，区域间的竞合格局整体成型。六大区域重大战略覆盖范围广阔，涉及 24 个省区市和香港、澳门特别行政区，集中发展京津冀、长三角和珠三角三大城市

---

① 数据源自 CEIC 数据库。

群,推动区域间构成竞争中合作的良性互动关系,竞争焦点由传统要素逐步转变为知识、数据和技术等创新要素,合作共赢发展取代孤军奋战式分离发展,竞合机制日趋多元化和高效化。[①]

### 6.2.2 强化"四大功能"核心区建设

#### 1. 夯实经济能级基础

上海在全国城市中的经济能级优势,为浦东的再次出发提供发展平台。上海的经济和金融中心属性名实相副,为浦东打造社会主义现代化建设引领区提供经济规模优势和城市服务依托。一是依托上海的经济先发优势。2021年上海GDP为43 214.85亿元,意味着上海以全国0.06%的土地面积产出了全国约3.78%的生产总值,经济发展速度、效率和质量位于全国前列。浦东应充分利用上海的发展动能。二是依托上海的高能级城市服务。2021年上海第三产业增加值为31 665.56亿元,比重达到73.3%,上海先进的现代化服务业基础可以助力浦东换挡升级和核心竞争力的提升。三是依托上海先进的基础设施、公共交通体系及公共服务体系等。2021年上海一般公共预算收入达到7 771.8亿元,雄厚的财政收入保障城市硬实力。四是依托上海作为全球城市的功能定位。在科尔尼发布的《2021年全球城市指数报告》中,上海首次跻身第十名。浦东可以凭借全球资源、全球品牌、全球机构推动引领区辐射力更上一层。

进一步夯实经济能级基础,提质提速,推动经济的可持续和高质

---

① 《推动区域重大战略实施取得新进展实现新突破》,国家发展和改革委员会网站,2021年7月12日,https://www.ndrc.gov.cn/xxgk/jd/wsdwhfz/202107/t20210712_1290217.html。

量发展。浦东历经 30 多年的开发开放，与上海其他区域相比展现出
更为惊人的发展速度。浦东 GDP 从 1990 年到 2021 年实现了从 60 亿
元上升为 15 353 亿元的飞跃，对上海经济增长的贡献超过 40%，可见
浦东已成为上海的经济重镇和增长驱动器。浦东应进一步着力发展
自贸试验区、特色功能园区及产业园区等，实现在要素配置、新兴产
业、城市治理、制度创新和国际接轨等方面领先全国。

2. 增强资源配置功能

完善要素市场体系建设，围绕土地、资本、劳动力、技术和数据五
大要素市场，实现要素参与机构完整、新旧要素并进、市场建设领先，
为浦东谋取新发展提供更具辐射度的丰富原料。

保持传统要素优势。推动国内外人才汇集浦东，积极出台各类人
才便利和保障政策，依托海外人才局、国际人才港等载体吸引国际性
人才。截至 2021 年 7 月，浦东各类人才数量已达到 155 万。①保持金
融业强势发展态势，2020 年浦东金融业增加值同比增长 8.5%，占全区
生产总值的 31.5%，在全市金融业增加值中占比超过 58%。②优化上
海证券交易所、中国外汇交易中心、上海股权托管交易中心等十几家
要素市场的市场化运作，拓展机构覆盖领域，逐步形成多类型、多层
次、更开放的金融机构体系。

率先壮大新兴要素市场。稳步推进技术要素市场，2020 年浦东技
术合同交易数量达到 3 897 项，进一步依托上海技术交易所、上海知识

---

① 陆娅楠：《支持浦东当好排头兵打造引领区》，《人民日报》2021 年 7 月 21 日。
② 《关于浦东新区 2020 年国民经济和社会发展计划执行情况与 2021 年国民经济和社会
发展计划草案的报告》，上海市浦东新区人民政府，2021 年 1 月。

产权交易中心等平台促进技术交易和转化。积极推进数据要素市场建设。2021 年 11 月,上海数据交易所在浦东揭牌成立,聚焦数据确权、定价、互信及监管等一系列难点,探索数字产业化和产业数字化、存量升级和增量加速联动发展的新态势。

### 3. 提升科技创新能级

提升创新资源丰度。一是重视科技创新投入结构的优化。2020 年浦东财政科技创新投入 103.94 亿元,以分类分层的科研投入机制放大投入规模的效益,营造鼓励创新的社会氛围。二是推进金融业和科技创新的结合。作为浦东乃至上海金融要素最完备、最活跃、最开放的区域,陆家嘴金融贸易区不断探索社会资本投入科技创新的新产品、新模式。三是完善知识产权保护体系。浦东在 2020 年底已实现每万人拥有专利发明数 90 件,2016—2020 年间获得国家级科技奖项 34 项,76 个光子的量子计算机原型机"九章"、62 比特可编程超导量子计算原型机"祖冲之号"等重大科技创新成果问世①,以完善的产权保护机制激励新技术、新发明的不断涌现。

加快创新主体集聚。浦东加快构建类别多样、规模可观、分工协作的创新主体体系,创新主体包括科研院所、高新技术企业、大科学装置等。浦东在 2020 年末已拥有经认定的高新技术企业 3 784 家、企业研发机构 622 家,并建成蛋白质设施、上海光源、国家海底长期观测网项目等大科学装置,面向世界科技前沿,勇闯"无人区"。聚集一批新兴产业的龙头企业,推动科技创新成果向产业优势的转化,新兴产业

---

① 《浦东新区人民政府关于印发〈浦东新区建设国际科技创新中心核心区"十四五"规划〉的通知》,上海市浦东新区人民政府,2021 年 8 月 4 日。

蓬勃发展,围绕"六大硬核产业"持续发力,推动浦东在生物医药、集成电路等领域的产业优势由全国领先进化为国际前列。

推动政策红利释放。浦东于 2021 年发布多项政策支持重点创新项目、自主创新主体、高能级产业等。如表 6.2 所示,2022 年 1 月,浦东再次接连发布三项财政扶持办法,下一步应加快政策落地生根,以政策红利带动科技创新活力。

表 6.2　浦东 2022 年 1 月的财政扶持办法

| 政策领域 | 发布时间 | 文件名称 | 政策概述 |
|---|---|---|---|
| 创新型人才 | 2022 年 1 月 29 日 | 《浦东新区"十四五"期间创新型人才财政扶持办法》 | 提供人才奖励 |
| 小微企业 | 2022 年 1 月 29 日 | 《浦东新区"十四五"期间促进小微企业创新创业财政扶持办法》 | 对不同类型的中小企业给予 5 万—300 万元的资助 |
| 新兴产业 | 2022 年 1 月 28 日 | 《浦东新区"十四五"期间促进战略性新兴产业发展财政扶持办法》 | 对经认定的高新技术企业在固定年限内每年给予一定的奖励 |

资料来源:根据上海市浦东新区科技和经济委员会发布的各项文件整理而得。

### 4. 引领全面深度开放

加快以浦东为窗口推动全面深度开放,打造对外开放新高地。一是稳定对外贸易发展。推动浦东对外贸易规模稳步增长,2021 年外贸进出口总额为 23 886 亿元,促进外贸规模保持较高增速。推动贸易主体多元化,2021 年民营经济以更高增速拉升外贸规模,未来应进一步释放民营经济的发展潜力。优化出口商品结构,使产品链更多位于上游高附加值阶段。优化营商环境以提升外资规模,2021 年浦东外商投资实际到位金额达到 107 亿美元,持续推动投资能级提高,引导投资更多聚焦生物医药、大数据等战略性新兴产业,为浦东现代化探索增添动力。二是持续汇集全球要素。不断提升浦东总部经济能级,截至2021年底,827家跨国公司在上海设立总部,其中浦东总部数量占全市的比重达到45%[①],坚持围绕产业发展的全链条和企业发展的全生命周期吸引龙头企业。三是完备对外交通体系。2019年上海浦东国际机场旅客吞吐量达到7 615.35万人次,浦东机场的综合发展能力强、整体通达性高,为对外贸易和交流提供设施基础。航运机构覆盖完整产业链,航运相关企业数量已超过10 000家,其中包括造船企业、船舶运输企业、船舶管理企业等。[②]海运枢纽规模优势明显,上海港集装行吞吐量在"十三五"期间连续位列全球榜首,尤其是外高桥和洋山港区担当浦东航运中心的核心区。

5. 培育新型核心竞争力

坚持积极响应上海"四大品牌"建设号召,积极部署"四大品牌"核心承载区的创建。一是加快打造消费品牌,以"标识度"提升为关键打造国际消费中心核心承载区。加快布局首店、首发、首秀、首演经济,2021年浦东已实现新增首店156家[③],坚持引进全球中高端消费产品和品牌,并以前滩太古里、啦啦宝都、上海佛罗伦萨小镇二期等商业地标为载体提升消费品质。二是加快生产和服务领域的本土品牌建设。浦东企业在"2021年上海企业100强"中占比30%,在前10位中占据

---

① 徐晶卉:《上海今年已新增跨国公司地区总部56家》,文汇网,2021年12月22日,https://www.whb.cn/zhuzhan/cs/20211222/440318.html。
② 张诗欢:《明确"两带+两区"产业功能布局!浦东新区深化上海国际航运中心核心区建设"十四五"规划发布》,浦东发布微信公众号,2021年10月22日。
③ 张诗欢:《156家!浦东吸引首店总量居全市前列》,浦东发布微信公众号,2022年2月10日。

6 席,"十四五"期间应持续锻造优势行业长板,稳步提升制造业和服务业的优势和竞争力。三是重视文化品牌建设。积极推进文明建设和公共服务体系建设,探索开展社会组织品牌培育,7 个品牌项目入选"2020—2021 上海市新时代文明实践中心建设试点工作成果集"①,未来应进一步加强城市软实力建设,由表及里形成城市的核心竞争力。

### 6.2.3　深化全方位制度体制改革

#### 1. 加速推动行政体制改革攻坚

浦东担当社会主义现代化建设的开路先锋,需要进行更大胆、更深入、更全面的改革,亟须进一步对浦东加大放权力度,探索赋予浦东市级经济管理权限,以权限自主性提升改革的速度、广度和锐度。进一步对浦东加大放权力度,推动浦东在关键领域率先改革,发挥引领示范作用。浦东在对外开放、科技创新、资源配置、扩需提质等领域承担着一系列重大的改革任务,这些领域中的共性问题触及市场机制建设、科研院所建设、行政区划规划等方面,浦东应勇于深入制度改革"深水区"。进一步理顺协作机制,提升权级以推动与长三角其他区域的统筹协作,加快化解在"市—区""区—区"协作中存在的协作机制繁复、机构层级庞杂、行政壁垒较高等障碍。此外,深化有序公平的市场环境建设,进一步破解政府和市场、管理和服务关系中的难题。着力优化中小微企业、民营企业的生存环境,解决国有企业大而不强、与战略衔接不紧密等问题,激发浦东内生动能,促进较快速度、较高质量

---

① 张宣:《张江新时代文明实践中心两项荣誉上榜》,《新民晚报》2022 年 1 月 28 日。

发展。

### 2. 率先推动要素配置市场化改革

率先推动要素配置的市场化改革。探索土地集约化使用和管理的新模式，克服土地等要素约束浦东经济能级的提升。浦东可开发利用的土地面积日趋下降，土地开发"寸金寸土"推高商务成本和生产建设成本，土地成本上升削弱企业入驻浦东的意愿，因此围绕土地推行集约化利用，有利于缓解浦东土地供给不足和用地成本高的现象。浦东还存在部分战略性新兴产业人才紧缺的问题，应以产业需求为导向加快人才聚集。

提升要素配置能级。围绕要素的整合、定价和机构能级等重点领域，实现要素配置能级与争取全球前列的功能发展目标相匹配。一是浦东仍需强化对全球资源的聚集、整合、运用的能力，例如，浦东的金融业更多服务国内市场，与纽约、伦敦等传统的世界金融中心尚有一定差距。二是强化要素的国际定价权，石油、黄金等商品期货价格的国际辐射力不足，金融机构的国际竞争力和品牌力仍需提升。三是提升高能级机构和企业规模，跨国企业总部、头部金融机构等高能级机构的数量尚不及纽约、伦敦等，应加快提升全球资源的统筹能力。

### 3. 加快引领科技创新体制改革

新一轮科技革命下经济社会的重构迫切要求制度优化和革新，国际环境的动荡凸显自主创新和原始创新的重要性。中国在新一轮科技革命中实现追赶者向引领者的转变，掌握核心技术是破局的关键。因此，浦东为实现科技创新发展战略目标，应积极探索产业发展新范式和新政策，以点点星火带动全国的创新热情和效率。

浦东的科技创新能力和效率虽领先全国,但在基础研究和原始创新领域较为薄弱,国际竞争力尚需进一步加强。《中国基础研究竞争力报告 2020》显示上海的基础研究竞争力在全国仅排名第四位(钟永恒等,2021),可见浦东仍需补齐科技创新短板,加快打造自主创新新高地。

### 4. 大胆探索制度型开放标准

推动浦东在制度开放上发挥引领作用,在浦东全域打造特殊经济功能区。比如,在浦东开展制度型开放试点,在投资、贸易、金融、人才等领域加快先行探索,率先形成成熟、定型、有效的制度标准。

随着国际贸易环境的恶化,通过关税优惠等政策激发要素和商品在全球畅通流动所带开的红利难以为继,浦东需推动新一轮制度型开放以赢得发展新机遇。

要在更高水平改革开放上提升"领先度"。更加注重改革系统集成和制度型开放,从事物发展的全过程、产业发展的全链条、企业发展的全生命周期出发谋划设计改革,围绕"办成一件事""做强一个产业"深化探索,在上海自贸试验区和临港新片区实行更大程度的压力测试。

### 5. 努力推动现代城市治理改革

浦东积极探索超大城市治理体系建设,着力提升城市治理系统化、精细化、亲民化及智能化,力争成为现代城市治理的示范样板。提升公共服务的可达性、均等化和便利度,推进公共服务的圆心由公共设施向居民需求转变,扩展公共服务的辐射半径,实现区域内经济发展差距和公共服务质量脱钩,以统一标准化服务推进公共服务均等化,加快构建人民城市。处理好管理要素和公共部门人力资源之间的关系,以科技应用和创新弥补人力不足的局限性,及时、全面、精准应对和处置城市管理问题。

深入推进经济治理、社会治理和城市治理的衔接与集成。强化"城市大脑"治理体系和"家门口"服务体系统筹合一,丰富城市治理手段,解决城市居民在生产和生活中遇到的难题,以服务对象的需求为导向跨部门、跨区域、跨城乡实现协同联动,形成科学决策、精准服务、动态监管的高效城市治理体系。深入了解城市管理的深层次、规律性难题,优化管理中枢协调和针对性方案创建流程,围绕生态破坏、交通拥堵等重点领域,全方位化解"城市病",提升居民的幸福感。

## 6.3 浦东社会主义现代化建设引领区的政策保障

### 6.3.1 多元主体协同

#### 1. 优化"央—地"协同机制

建立"央—地"常设机构和规范机制,加强"央—地"间高效对接和协作。建立专门化的"央—地"对接结构,赋予中央和浦东参与引领区建设的主体地位,发挥桥梁作用以加强各级各部门间的协调统筹,实现国家战略导向与引领区建设需求、制度需求的高效配合。规范"央—地"协同的常态化机制和流程,确立程序化、长效化、透明化的部门协调机制、信息传导机制、协助互动机制等,从而实现战略落实和实践需求的积极反馈和良性互动。明确"央—地"协同机制中的责任和权属划分,在浦东、中央和协同机构间理顺事权,明确地方政府何事可独立处置、何事需上级审批,避免权属混乱、越位、缺位等无序情形。加快"央—地"协同机制的保障建设,确保协同机制的合规性,从而提升机制的认可度和各方参与度,避免程序空置和机构闲置现象。加强浦东各部门与中央在沪单位的合作,借助中央在沪单位在全国范围内的信息和资源,深入把握国家战略要求,及时反馈落地情况,实现快速对接和应对。

2. 完善"市—区"合作机制

积极发挥市级政府在合作中的引领和扶持功能。优化"市—区"合作意愿的传达机制,双方科学审慎评估合作的可行性和必要性,推进市区间的有效互动和协作。简化合作相关的行政审批流程,以防错失市场机遇等。细化合作方式、人员分配、利益分配等,以确保合作项目的顺利推进。市级政府全力运用其地域规模优势支持合作项目的推进,促进合作项目深入开展。

市级统筹下加强各区间的协作。加强黄浦江两岸地区、黄浦江入海口区域及浦东南部地区与奉贤、闵行的协同发展,统筹优化全市交通、产业、人口等布局,实现浦东与上海其他区域相辅相成、错位发展的良性竞争格局。市级政府积极传递合作需求信息,畅通市区间和区区间的对话和合作渠道,提升全市资源整合、互惠共赢的意愿。探索多元化跨区域合作方式,市级统筹下积极推动各区践行多元化的合作方式,通过项目合作、园区共建、飞地经济等多种方式,实现要素更广范围流动、产业更多领域合作及制度更深层次对接,实现各区的优势互补、强强联合,促进全市经济有序发展。建立完善公正的跨区利益分配机制,跨区合作涉及财政收入的分配,市级政府应积极协调规划,构建合理可行的利益分配机制,促进各区的深化合作。积极推广先进经验,充分利用浦东在引领区探索中形成的改革成果和先进经验,加快先进经验的推广和落地。

### 3. 设立多元参与共治机制

探索多元主体参与城市建设的机制。搭建合作意愿和政策需求的征集和交流平台,及时上传各级政府、企业及社会群众等各方主体的诉求,对收集到的项目合作或制度新建等方面信息加强智能化快速分类,以及时反馈至中介机构和相关部门,加快各方信息和意愿的汇总。设立多元参与委员会,对潜在可行的协作项目统筹联动,召集各类相关主体商讨和论证协作的细节和前景,实现各方交流和协作的有序化开展。

## 6.3.2 功能迭代升级

### 1. 锻造功能长板

浦东响应上海"四大功能"建设,深入推进全球资源配置、科技创新策源、高端产业引领和开放枢纽门户等功能的建设和升级,在引领区建设过程中找准功能定位和优势,锻造功能长板。一是面向全球要素市场,提升要素配置能力和效率,强化浦东对全球要素的吸引力、配置能力等。二是面向世界科技前沿,提升原始创新能力,着力攻克关键核心技术,加快推进创新链补链、强链,在科研新成果、技术新发明、产业新业态和制度新形式等多维度实现策源功能。三是面向高质量发展新阶段,全面构建现代产业体系,以数据、知识、技术等新要素为抓手,推动制造业向高端化、精细化、智能化、低碳化等方向升级,推动高端服务业主体聚集和能级提升,以高品质、新时尚、新体验为目标强化浦东消费品牌的标示度。四是面向国际环境新变化,探索更大范围、更宽领域、更深层次、更高质量的对外开放新模式,充分运用和调动国内外两种市场和要素,实现经济发展和开放协作的统一,促进与国际经济的密切联系和外循环的畅通运行。

### 2. 突出功能集成

浦东承担了上海"五个中心"建设的核心功能,重点功能区域间应强化功能联动发展,逐步形成相互补充、相得益彰的功能系统。推动重点功能区域间加强协作,积极实现金融发展和科技创新互利共赢,推动张江科学城和陆家嘴金融城的联动发展,实现金融支撑科创、科创赋能金融的双向积极互动。加强建设科技创新成果和高科技产业优势双向促进的快车道,推进先进制造业集群区域与南北科技创新走廊的协同发展,促进科技创新需求和有效供给间的高效精准匹配。加快构建重点功能区域与周边城镇的协同机制,优化城镇与主城区、南汇新城间的交通体系建设,提供更加多元、便利、快速的公共出行方式。以张江科学城、外高桥保税区、金桥经济技术开发区等重点功能区域为内核,强化功能溢出以带动周边区域的发展。

### 3. 强化功能辐射

推动要素跨区域流动,优化要素的空间配置格局,促进长江三角洲区域一体化发展。统筹优化长江三角洲地区的交通体系,加快实现浦东成为全球海空枢纽的核心区,促进各地铁路、公路、航空、内河航道等设施建设和互联互通,以压缩通行时间推进都市圈间的要素流动和经济联系。推动市场一体化建设，破除长三角一体化发展中的行政边界壁垒，加快构建一体化的要素市场，推动产品、机构、基础设施的联通，推动要素在长三角地区乃至全国范围内的自由畅通流动。

积极发挥功能长板对周边区域的带动作用，深化在科技创新、产业发展、制度对接等领域的协作，强化浦东功能长板的空间溢出效应。以科技创新优势带动长三角区域科技创新合作，构建区域间创新资源共享和项目合作机制，整合运用各地的创新优势集中攻克关键核心技术，进而继续推动长三角地区辐射周边其他区域。以新兴产业发展优势带动产业链升级和延伸，依托浦东在生物医药、集成电路、航天航空等战略性新兴产业的发展优势，带动相关行业的上下游企业积极在长三角地区安家落户，促进产业链向完备性和高端化升级。加快浦东制度创新成果和先进经验在全国范围内的复制和推广，促使更多区域共享制度红利。

### 6.3.3　区域分工联动

浦东在对外开放、科技创新、城市治理等领域积累发展优势，在社会主义现代化建设中担当先锋者和引领者，实现与五大新城和长三角城市群的功能联动、产业联动、载体联动、平台联动及制度联动，深化长三角一体化协调发展，推动新发展格局的构建。

#### 1. 功能联动

推动各地在区域合作中发挥功能长板，实现功能互补和联动，推进区域协同发展。精准定位各地的发展特色和比较优势，强化优势互补和错位发展，以功能联动集区域之力提升浦东在科技创新、对外开放等领域的功能优势,实现功能共建共享。

首先,强化长三角地区的科技创新联动,构建高能级区域创新网络。牵头建设长三角国家技术创新中心,依托各地高校、科研院所及上海张江国家自主创新示范区、合肥综合性国家科学中心等平台的优质创新要素和资源,搭建要素聚合、资源共享、项目共创的合作平台,群策群力探索科技创新"无人区"的"第一公里"。共建互联互通的长三角技术交易市场体系,依托上海技术交易所、江苏省技术产权交易市场、浙江科技成果交易所及安徽联合技术产权交易网等平台,构建跨平台交易机制,提升技术要素在长三角区域的配置效率。深入推进长三角资本市场服务基地建设,坚定推动城市覆盖范围的扩大,探索跨区域创新基金、联合授信、融资平台等,发挥浦东金融业在全球资源配置领域的功能长板,为长三角区域内科创企业提供多元化、多层次的投融资服务。

其次,强化长三角地区的对外开放联动,以自贸试验区建设为抓手提高对外开放水平。以上海自贸试验区为核心带动江苏自贸试验区、浙江自贸试验区和安徽自贸试验区在产业升级和制度建设等领域实现联动,推动自贸试验区发展一批具有全球竞争力的战略性新兴产业,推动新型先进制度在自贸试验区间的统一和对接,促进长三角形成更高层次的开放型经济。

2. 产业联动

推动浦东与五大新城、长三角城市群的产业深度合作和协调发展,汇集区域内需求,推动产业链的完备、延长和升级,在长三角地区打造世界级先进产业集群。

优化长三角市场一体化机制,破除行政边界壁垒,协同各地市场需求,为浦东创新发展提供充足的需求动能。着力发挥浦东引领上海乃至长三角地区协调发展和高质量发展的先行和带动作用,推动长三角地区产业融合和升级。

推动浦东与五大新城多领域、多层次产业协作和发展。围绕五大新城的功能定位和特色产业,推动浦东与五大新城在智能交通、数字经济、健康产业等领域开展全方位、多方式的合作,共促战略性新兴产业的成长。

统筹浦东与长三角其他地区的产业协作机制,加快转变同质化竞争、割裂式发展的区域竞合格局,提升城市综合要素禀赋和比较优势,坚持产业有所为、有所不为,引导重点产业优化空间布局,推动产业的联动发展。此外,推动长三角地区产业链全方位垂直运作,激励长三角地区加快形成本土完整产业链,构建跨地区资金、劳动力、技术、数据等要素畅通运转的渠道和平台,扩展产业链厚度、长度和强度,以长三角地区的经济能级优势保障产业链的自主可控。

### 3. 载体联动

推动浦东与五大新城、长三角城市群共建要素市场和交通设施,以载体联动提升城市网络体系的交互性,为区域协同发展强基固本。

一是构建长三角一体化要素市场,着力优化人才、土地及资金等要素流动的成本和制度环境,发挥市场机制对资源配置的决定作用。加快创建长三角地区人力资源联合市场,推进人才供需信息在区域内的公开和传递,同时优化人才落户机制,健全落户积分转换、社会保障跨区结算等机制,使得劳动力流动有方向、流动有保障。探索在长三角地区创建跨区统筹土地指标体系,整合土地资源,实现土地跨区域灵活使用和统筹布局,将浦东部分配套服务功能疏解至周边区域,优化长三角地区的空间格局和土地使用效率。积极运用浦东金融业先发优势服务长三角地区发展,推动资金要素跨区域有序流动和高效配置,强化金融业对科技创新、产业升级等领域的支持。

二是构建长三角联动的交通体系,强化长三角地区在铁路、公路、机场、内河航道等方面的基础设施建设,加快形成联通内外、辐射全球的协同交通体系。

4. 平台联动

探索搭建和完善一批有不同功能的联合平台,推动要素、信息及产业优势的整合和交流,为功能联动、产业联动及载体联动提供协商协同平台。

围绕发展痛点和难点开展联合发展计划,推进长三角各地实施科技创新联合攻关计划、产业园区共建计划等,协同突破产业结构薄弱环节和科技创新短板。加快搭建一批长三角产业合作和科技创新的实体平台,探索创建长三角地区科技成果孵化基地、联合攻关实验中心等,加强浦东生命科技产业园、大飞机产业园、集成电路产业园等特色产业园区与长三角各地关联产业园区的合作,促进产业链的延长和能级提升。加快创建一批功能各异的市场交易平台或机构,探索建设长三角联合产权交易中心、长三角科技成果交易平台、长三角人力资源市场等,营造规范有序的区域联动环境。

5. 制度联动

推动长三角区域各省市开展制度对接和联动,营造规范有序的区域联动环境,推动长三角一体化发展取得新成效。构建跨区域协作的常态化机制,推动长三角三省一市组织联合工作团队,与中央政府共同筹划顶层设计和区域协作,着力消除区域内不合理的功能性制度障碍。协商制定长三角地区发展规划和实施方案,实现国家战略和地方发展规划、政策的联结和统一,保障长三角一体化发展战略的落实。推动政务服务的统一,加快推进跨区域"单一窗口"建设,提高群众的便利度和幸福感。探索建设长三角财税和利益分配机制,为跨区域实现税收优惠、社会保障等提供制度支持,促进长三角地区深度协同发展。

### 6.3.4  存量增量互动

#### 1. 努力提升要素效率

深化改革传统要素市场,进一步激发劳动力、土地及资本等传统要素的活力。提升资本要素配置效率,金融领域加快供给侧改革,推动金融供给和需求在规模和质量上实现均衡。完备金融机构系统,健全类型多元、行业广泛、层次分明、特色各异的金融机构系统,推动国际金融资产交易平台、私募股权和创业投资股权份额转让平台及全国性大宗商品仓单注册登记中心等服务平台建设,多向度满足实体经济的金融需求;加快优化融资结构,提升直接融资的比重,探索构建以注册制为基础的多层次资本市场,加快实现不同层次资本市场间的联结和流动,鼓励企业依据生命周期阶段和投融资需求等因素灵活选择不同层次的资本市场,建立开放、柔韧、公开的资本市场体系;全面优化金融产品及金融服务的质量,鼓励金融机构依据不同主体的金融需求推出多样化、特色化、专业化的金融品。优化劳动力要素配置效率，以产带学，实现劳动力供需的有机互动。加快城乡融合发展和异地公共服务转接体系建设，推动劳动力跨城乡、跨地区自由流动；构建规范的职业教育体系，以技能培训赋能失业人员，让他们重新进入劳动力市场，促进劳动者技能结构和需求间的动态匹配。

加快健全新兴要素市场，运用数据、技术等新兴要素培育发展新理念和产业新动能。完善产权保护制度，推进知识产权保护体系建设，加强产权保护力度，构建多渠道、少程序、低成本的维权机制。完善技术创新的激励机制，支持企业规范化进行数据要素采集、交易及分析等，鼓励企业研发大数据、人工智能等领域的新技术，引导新兴要素规模聚集。健全新兴要素交易平台建设，整合、释放对新兴要素的需求，以需求为导向推进新兴要素的有效高质供给。构建更加开放的要素市场，在全球范围进一步吸引、聚集和运用更大规模、更高质量的新兴要素，深度融入全球创新网络。

2. 提升现有机构能级

重视提升经济机构能力，培育经济发展新竞争优势。培育一批全球运营"头部"企业，实行"一企一策"，深入开展全球运营商计划，增强企业统筹全球要素的能力，助推企业将运营范围逐步拓展至全球。聚集一批高能级投资机构和投资项目，贯彻落实全球机构投资者聚集计划，促进浦东在全球金融市场占据重要节点位置。吸引一批知名品牌入驻浦东，积极开展全球消费品牌聚集计划，通过吸引首店、消费平台入驻等方式丰富消费业态。发展一批高能级科技创新中心，积极吸引国家级、区域级研究中心和实验室及国内外龙头企业研发中心入驻浦东,构建主体高能多元的创新网络体系。汇集一批经济组织,广泛吸引国内外经济组织、行业协会等,推动国际经济组织聚集计划的顺利开展,积极参与国际行业准则或技术标准的建立。

### 3. 以创新撬动新一轮增量空间

面向世界科技前沿,加强基础研究领域投入,强化创新策源能力。积极加强智库建设,精准识别和科学定位创新前沿领域和高价值基础研究,为政府发挥引领和保障功能提供前瞻可信的信息。加快改革基础研究的成果审核机制,基础研究具有周期长和成果产出不确定性高等特点,探索长期项目的关键节点审核机制,使科研人员可以静下心做研究。稳步推进大科学装置建设,加快落实李政道研究所、上海交通大学张江高等研究院等项目建设,坚持积极引进高能级研发机构和重大科技项目。加强对基础研究领域发现的保护,探索科学发现权的概念界定和保护机制。探索多样化资金参与建设科技基础设施的协作模式,合理利用社会资本、各级地方政府资本和中央财政资金等。

面向国家重大需求,加快攻关核心关键领域的"卡脖子"技术,强化自主创新能力。充分发挥企业的创新主体地位,坚持问题导向和市场需求导向,鼓励各类企业开展形式多样的技术研发项目,增强科技创新活动与市场需求间联结的紧密度。充分调动国内外创新要素,增强在应用型研究领域的要素投入和配置效率。积极推动企业、科研院所及服务平台之间的协作,围绕关键领域的技术空白共同攻坚克难。构建更加包容、更具活力的创新生态系统,健全知识产权保护机制,从营商环境、城市治理、公共服务等方面入手,进一步优化创新生态环境。

面向经济主战场,加快科技成果向产业优势的转化,实现创新链和产业链的协同发展。积极发挥市场机制对创新要素的配置和引领功能,以创新市场需求引领科技创新活动。鼓励各类创新主体间的交流和协作,加快推进科技创新成果交易平台建设,打通科技创新供给方和需求方间的交流渠道,推进科技创新成果转化,加快科技成果的落地。聚焦生物医药、集成电路、新能源制造等战略性新兴产业,组织一批高水平创新团队集中攻克共性技术难关,提升新兴产业的核心竞争力。

### 6.3.5 内外双向赋能

#### 1. 国企改革撬动内生活力

稳步推进浦东国企改革,在引领区建设进程中充分发挥国企的先锋模范作用,释放经济高质量发展的内生活力。加快推进国企混合所有制改革,浦东拥有陆家嘴、张江高科、浦东金桥、外高桥、浦东建设及畅联股份等国有控股上市公司[①],需要进一步推动更多国企以上市为导向融入市场机制,运用优化存量、扩张增量双轮驱动浦东国企培育发展新动能,进而提升国企的经济能级和国有资产的配置效率。加快推进国企人事制度改革,以灵活的人事进出、调动机制和弹性的工资薪酬体系代替"铁饭碗",推动国企从内释放活力。落实国企发展和浦东功能建设的密切联结,加强国企对国家战略的支持和服务力度。

---

① 胥会云:《浦东将出台国企改革行动方案,以上市为导向推进混改》,第一财经,2021 年 9 月 15 日,https://www.yicai.com/news/101174708.html。

## 2. 开放式运作释放内部潜力

浦东进一步提升对外开放水平,更高水平运用国际国内两个市场、两种资源,实现双循环内外联动。一是深入推进商品市场和要素市场开放,推动产品、资金、人才、数据及技术等在国内外市场间更快流动,积极引进企业总部落户上海,搭建国际化要素和产业聚集平台。二是稳步探索制度型开放,继续推动上海自贸试验区在制度创新领域发挥先行示范功能,逐步构建完善成熟、对标国际最高水准的投资和贸易规则体系,积极开展市场准入、公平竞争、权益保护、监管方式等领域的制度革新,营造具有全球竞争力的营商环境,激发经济发展新动能。

## 3. 培育本土企业全链条

推动本土企业供应链升级。构建现代化供应体系,依据浦东战略定位和发展基础,在重点领域、重点区域完善供应链建设。优化供应链管理体系,查漏补缺,弥补短板,尤其鼓励龙头企业率先完善供应链建设,拉动上下游企业提升供应能力和质量。积极调动浦东全域内的供应潜力,以乡村振兴战略为抓手,加快实现城乡间要素的自由流动和产业的衔接互动。依托国内大循环加强跨区域供应链互补和协作,充分运用上海、长三角经济带的要素聚集和经济能级优势,鼓励浦东企业加强与国内其他地区企业的经济交往和合作,共建运行稳定、优势互补的供应链网络。

强化本土企业供应链韧性。运用新型信息技术手段识别供应链断点和风险,引入大数据、人工智能等技术跟踪和分析原料供应、流通等各环节,尤其是对于关键企业、关键链条开展本土供应链自查,及时处置隐患。加快构建供应链风险预警机制,专人专岗及时收集国际上针对中国的贸易壁垒信息,为企业迅速反应和调整供应链提供信息服务,并前瞻性判断潜在的供应链断点,针对性部署应急方案,保障产品和要素的稳定供给。保障供应链相关的基础设施建设,完善应急资源储备体系和应急流通通道建设,提升供应链对外部冲击的抵御能力。

推进本土企业创新链构建。加快聚集类型多元的创新主体,鼓励企业、科研院所、服务机构或平台加强协作,推进产学研用紧密结合。加强创新基础设施的建设,围绕科技创新的重点领域和关键产业,积极建设一批高能级实验室和研究中心,落实大科学装置建设和运行,为创新链构建提供必要的硬件支持。加强与其他区域创新主体的合作,推动创新要素跨区域高效流动,共建区域级、国家级创新中心,扩展创新网络能级。

### 4. 发挥"消费"的独特作用

消费是生产的指向标和目的地,积极发挥消费引领生产升级和进化的独特作用,注重需求侧管理,助力消费扩容提质,为产业链和价值链升级指明方向和创造空间,为"双循环"新发展格局的构建赋予支撑点。

增强居民消费意愿。优化社会保障体系,扩充公共服务规模,提升基层公共服务能力,加强医疗保险、生育保险、失业保险等社会保障间的系统设计、科学优化和有效整合。加快落实城乡居民基本医疗保险一体化,着力推广异地就医结算制度。探索医养融合性养老服务体系、长期护理保险等,满足老龄化社会提出的新需求。落实社会保障全覆盖,保障外地务工人员平等享有公共服务,增强社会保障关系转移的便捷性,明确区分用人单位、劳动者及政府等各方主体的缴费比例和方式。充分运用大数据和智慧化平台,精准识别未参与社会保障体系的人群,切实推动全民参保,筑牢民生底线,保障全民共享发展成果。

丰富居民消费选择。推动企业优化产品质量和供给效率,鼓励龙头企业优化产品结构和生产能力,实现多元优质供给。完善商标品牌管理系统,引导企业加强品牌建设,培育一批质量可靠、社会认可的品牌。鼓励现代服务业和高端服务业发展,丰富服务供给、提高服务质量和创新服务方式,促进服务业趋向精细化、品质化。培育消费新模式、新业态,探索绿色消费、时尚消费、信息消费等消费新空间,鼓励电子商务、在线教育、在线医疗等消费新形式。

优化居民消费环境。完善消费领域基础设施建设,推广智能物流管理和检测技术,建立科学统一的流通标准,构建现代化物流体系,提升服务效率和服务质量,构建高效便捷的消费环境。推进市场监管,建立健全公平竞争审查制度,全方位升级商品质量监管体系,维护规范可信的消费环境。健全消费者保护机制,拓宽消费者评价渠道,加强新型消费下线上消费者的权益保护,强力打击销售劣质商品和假冒商品、虚假发货、贩卖消费者数据等行为,形成可靠安全的消费环境。及时调整和更新政策法规,加快规划和出台新型消费领域相关的政策法规。

### 6.3.6 系统集成攻坚

#### 1. 围绕"人"的攻坚

增强劳动者的归属感、幸福感和获得感,系统性提升浦东对人才的吸引力。一是积极扩充人才储备,稳步推进高校和科研院所创建和成长,构建与产业发展需求契合的人才培养机制,鼓励高校和企业积极对接和合作。

二是构建更加开放的劳动力市场,保障劳动力自由流动的权利,破除行政区位划分对劳动力流动造成的障碍,真正实现以事业、待遇、制度等方面的优势留住人才。支持引进国际人才,创建外国人就业证和居留证办理的"单一窗口",加快落实"人才引进一件事",推动国内外职业能力标准的转换或互认。

三是提升人才的生活品质,为外来劳动者在求职、住房、落户、社会保障等领域提供便利和保障。

四是健全创新创业的激励机制,探索系统运用股权、期权、财政扶持等多元化手段,营造敢于创新、乐于创新的社会氛围。

### 2. 围绕"土地"的攻坚

增强用地审批的规范性和系统性。统筹用地功能规划,综合评估城市建设、产业发展、土地特征等因素,科学合理规划功能不同的新增用地,重视人地关系的平衡。健全用地项目准入机制,建设用地指标落实以项目为基准,审慎考察土地开发和建设项目的可行性,真正实现产业用地真实需求与用地指标的匹配。审慎推动农业用地功能转变,严格坚守农业用地和生态用地底线,对妨碍保障性农业生产、破坏生态环境的用地项目一律驳回,建设人与自然和谐共生的美丽城市。

推动土地集约化使用,提高土地的开发和使用效率。探索建设浦东土地指标交易市场,推动闲置用地重回市场,促进土地供给信息快速反馈至市场。持续优化交通用地布局,优化公共交通系统的范围广度和空间结构,降低交通拥堵所造成的无谓损失和通勤成本。全面提高土地的使用效率,健全土地规划、建设、投入使用等全生命周期管理机制,动态实施用地效率监督和评价,针对闲置土地、低效土地等"一地一策",综合施策提升土地要素配置效率。

加强用地监管。定期考察土地项目落实情况,精准识别闲置土地、批而未供土地等,采用征收闲置费、依规收回、限制用地审批等方式分类处置不同类型的问题土地。建立跨部门用地信息共享平台,加强发展和改革委员会、规划和自然资源局、科技和经济委员会等的联动和协作,携手促进用地项目高效落地。定期通报用地监管中发现的问题,将责任切实落实到浦东下属各片区,督促整改和优化。

### 3. 围绕"数字"的攻坚

强化数据要素的有效供给。加快推进数据要素市场化建设,统筹各部门细化行动方案、明确责任主体和加强工作协调,加强要素市场构建的速度和精度。稳步推进上海数据交易所建设,优化大数据管理模式,推动数据的有序聚集和规范交易,增强数据要素的供给能力和供给质量。加快构建分类分层的数据综合管理模式,对各类型的数据开展具有针对性的制度建设以推动优质数据要素供给,围绕数据采集、分析、聚合等环节,积极调动社会数据相关市场主体的积极性和交互性,促进社会数据的供给规模。探索建立公共数据整合和流通平台,支持公共数据跨区域、跨层级规范流动和共享,提升公共数据的透明度和可信度。

促进数据要素开发利用。加快培育分层的大型综合数据交易体系,优化数据交易平台的规模和服务质量,促进登记结算、价值评估、争端处理等配套领域的机构创建,鼓励相关市场主体在实践中创新形成更为高效、灵活的数据交易模式。推动数据要素赋能实体经济,鼓励基础型数字经济、资源型数字经济、技术型数字经济等多元化的融合发展方式,加快形成一批在数据开发领域的龙头企业,带动上下游企业优化数据使用效率,推动传统产业发展实现新模式、新业态和新动能。落实数字化跃升计划,运用数据武装供应链、产业链各环节,促进产业数字化、智能化升级。推进工业园区治理的数字化转型,积极建设智慧园区、数字园区等新型现代化园区,叠加数据能效提升运行效率。

完善数据要素标准建设和市场监管机制。规范数据要素市场秩序,优化数据要素市场管理机制,切实保障各类主体的合法权益,着力限制隐私侵犯、不正当竞争等行为,营造公平有序的市场环境,激发市场主体的创新活力和交易意愿,促进数据要素的流通和交易效率。加快构建系统化的标准体系,覆盖数据采集、流通、交易、保护等环节,促进数据要素市场的有序运行和健康发展。

## 6.3.7　改革法治双轮驱动

### 1. 以法治引领改革

浦东可比照经济特区制定法规和规章,这为浦东大胆试、大胆闯、自主改构建了法律屏障,依据引领区建设需求变通行政法规及部门规章,实现以法制引领、规范及保障改革。以法治引领改革,贯彻落实重大改革于法有据，将改革方案上升为法律规范以增强改革的可信度和规范性，以科学立法为社会各界引领明确的改革方向。以法治规范改革，推动重大改革依法而行，以法律形式规范相关主体的权责，以公正司法营造公平有序的改革环境，促进改革的有序推行。以法律保障改革，坚持严格执法、公正司法，以法律的强制力保障改革的平稳推行，降低改革阻力，同时以法治保障改革的重要成果，进一步激发改革信心和活力，强化法治与改革间的相互适应。

### 2. 以改革激活法治

改革引发社会系统的变动，激发法律体系变动需求，着眼改革推进需要，坚持立、改、废相结合。改革实践催生立法需求，加快在法律未涉及的改革相关地带先行先试，制定浦东新区法规，同时将改革进程中的成熟经验和举措成文化，以改革进展推动法治发展。改革实践形成法制变通需求，一方面对改革进程中出现的法律漏洞进行完善，优化法制建设；另一方面，及时清理和废除阻碍改革进展、损害人民利益、抑制经济发展的法规和规章，推动法治与时俱进。

### 3. 构建改革与法治协同联动的新模式

立足改革新需求和经济新形势，加强法治和改革的联结和统一，形成以法治推进改革、以改革激活法治的良性互动关系，构建改革与法治协同联动的新模式，推动城市治理现代化和经济发展现代化的协调实现。推动改革和法治相互促进，以法治激发改革活力，实现改革和法治的有效衔接。推动法治和改革的相互保障，以法治保障改革的全面深入推进，以改革推动法治不偏离实践需求，促进改革和法治的协调顺利发展。

### 6.3.8　软硬实力并进赋能

#### 1. 推动软硬实力相互赋能

全面提升浦东的经济硬实力和公共服务软实力,实现软硬实力的双向赋能和有效互动。硬实力奠基软实力,产业机构升级优化和经济能级提高进一步要求软实力提升,制造业向智能化、绿色化、高端化升级要求加快市场体制改革和健全配套制度体系,科技创新能力的提升要求强化知识产权保护、改革科研项目管理体制等。因此,浦东应积极探索新发展格局下出现的公共服务和制度体系改革新需求,担当新社会治理体系和市场制度体系的先行者。软实力加固硬实力,着眼营商环境、城市治理、配套服务等方面的革新,从品质城区、智慧城区、绿色城区入手提升浦东软实力,推动浦东经济实力再创高峰。

#### 2. 全面优化营商环境

全面推进营商环境升级,围绕市场环境、政府治理、法治保障等关键领域加大改革力度。一是营商环境建设对标国际最优水平,全面制定并有效落实营商环境改革方案,推进投资贸易便利化、自由化,打造国内营商环境建设的高质量样本。二是构建运行有序、公平竞争和交易诚信的市场环境,鼓励多元主体参与市场竞争,持续放开民营企业市场准入,运用减税免税、财政扶持等手段对特定类别的小微企业、民营企业给予更大的发展空间,推动经济健康发展。三是优化政务服务,加快推进政府理念向重服务转变,简化审批流程,提高政务服务的透明度和便捷性。加快落实"互联网＋政务服务""区块链＋政务服务"等信息化平台建设,网上审批实现数据共享、资源联合和业务协同,提高企业的办事效率和满意度。四是加强法制建设,坚持科学立法、规范执法和公正司法,切实平等保障各类市场主体的合法权利,营造安全稳定的营商环境。

### 3. 更加突出社会综合配套

加快完善社会综合配套,提升城市品质。一是积极布局新基建建设,着力发展涉及 5G 基建、特高压、城际高速铁路和城际轨道交通、新能源汽车充电桩、大数据中心、人工智能、工业互联网等七大领域的"新基建"。[①]充分发挥政府在"新基建"规划、布局、引资、监管等方面的引导功能,进一步放宽民间资本在"新基建"领域的市场准入,吸引多方投资主体以拓宽融资渠道,构建政府和市场有效合作和互惠共赢的投资模式。二是全面提高民生资源的利用率,科学规划浦东社会配套服务设施的空间布局,改善社会服务存量资源的质量,依据产业调整和人员流动动态建设增量社会服务,避免公共服务出现缺位或闲置,促进教育、医疗、政务服务等公共服务的供给与人才、企业需求的有机匹配。

### 4. 打造现代城市治理体系

着力完善城市治理体系,加快实现现代化、精细化、智慧化、亲民化。治理理念创新:在城市治理实践中奉行"人民城市人民建、人民城市为人民"的理念,推行智慧化便民服务,更好满足人民群众对城市美好生活的向往。治理手段创新:构建以数据为驱动力的智能城市决策中枢,加快配套数据中心、城市管理信息平台、道路综合杆、智能教育

---

① 《中国"新基建"7大产业链全景图》,腾讯网,2021 年 9 月 2 日,https://new.qq.com/rain/a/20210902A017UC00。

管理系统等智慧化基础设施,推动城市治理体系运行集约高效,创建安全城市。治理模式创新:系统性改善城市规划、建设及管理的全生命周期,探索超大城市的现代化治理模式。建设美丽城市,将优质城市生态环境纳入城市治理体系的实现目标,打造人与自然和谐共生的宜居城市,提升城市居民的生活品质和幸福感。

深入推进城乡融合发展。坚决落实新型城镇化建设,科学评估城镇地理位置、人口分布、产业分布等因素,构成城镇特色化发展的基础,在浦东创建若干产业各具特色和竞争力的特色城镇。提升乡镇公共服务质量,推动公共服务资源下沉至城镇,加快落实"家门口"服务站建设,完善城市与乡镇间的交通体系,提供便捷、均衡、优质的公共服务。优化乡镇开发模式,改造乡镇危房、危路、危桥等,改善乡镇的交通出行条件,同时加强规划与开发的统一性,促进开发品质提升和开发布局优化,实现区属乡镇协调发展。加快乡镇建设绿色转型,围绕美丽乡村和美丽家园建设,推进缤纷社区、美丽庭院等项目的实施,打造生态优美、环境宜人的居住空间。

# 参考文献

[1] [意]艾伯特·马蒂内利:《全球现代化:重思现代性事业》,李国武译,商务印书馆 2010 年版。

[2] [美]贝迪阿·N.瓦尔马:《现代化问题探索》,周忠德、严炬编译,知识出版社 1983 年版。

[3] 陈丹、张越:《现代化建设的历史演进与社会主义现代化的时代内涵》,《宏观经济管理》2021 年第 7 期。

[4] 陈高宏、熊竞:《以"四力"托举浦东开发开放》,《理论导报》2020 年第 11 期。

[5] 陈强、王浩、敦帅:《全球科技创新中心:演化路径、典型模式与经验启示》,《经济体制改革》2020 年第 3 期。

[6] 程大中、虞丽、汪宁:《服务业对外开放与自由化:基本趋势、国际比较与中国对策》,《学术月刊》2019 年第 11 期。

[7] 迟福林:《新型开放大国的选择》,《金融经济》2019 年第 19 期。

[8] [美]戴维·波普诺:《社会学》(下),刘云德、王戈译,辽宁人民出版社 1987 年版。

[9] 戴翔、张二震:《全球价值链分工演进与中国外贸失速之

"谜"》,《经济学家》2016 年第 1 期。

[10]《党的十九大报告辅导读本》,人民出版社 2017 年版。

[11]《邓小平文选》(第三卷),人民出版社 1993 年版。

[12] 董志勇、沈博:《百年中国共产党经济现代化思想的形成渊源与演进逻辑》,《经济科学》2021 年第 4 期。

[13] 樊纲:《当前改革过程中的宏观调控问题》,《管理世界》1993 年第 1 期。

[14] 高璐佳:《中国改革开放拓展了人类现代化的道路》,《科学社会主义》2019 年第 5 期。

[15]《关于本市"十四五"加快推进新城规划建设工作的实施意见》,上海市规划和自然资源局,2021 年 3 月。

[16]《关于浦东新区 2020 年国民经济和社会发展计划执行情况与 2021 年国民经济和社会发展计划草案的报告》,上海市浦东新区人民政府,2021 年 1 月。

[17] 郭永泉:《中国自由贸易港建设和自由贸易试验区深化改革的策略研究》,《国际贸易》2018 年第 3 期。

[18] 国家发展改革委国土开发与地区经济研究所课题组、黄征学:《上海在推进长三角一体化过程中发挥中心城市作用研究》,《科学发展》2018 年第 12 期。

[19] 国务院发展研究中心"未来国际经济格局变化和中国战略选择"课题组:《未来 15 年国际经济格局变化和中国战略选择》,《管理世界》2018 年第 12 期。

[20] 国务院发展研究中心课题组、隆国强、张琦、王金照、赵福军:

《中国应对国际经济格局变化的战略选择》,《政策瞭望》2019 年第 3 期。

[21] 韩坚、熊璇:《新发展格局下长三角区域高质量发展的新机制和路径研究》,《苏州大学学报(哲学社会科学版)》2021 年第 2 期。

[22] 何传启:《如何成为一个现代化国家》,《世界科技研究与发展》2018 年第 1 期。

[23] 何传启:《现代化概念的三维定义》,《管理评论》2003 年第 3 期。

[24] 何传启:《知识经济与第二次现代化》,《科技导报》1998 年第 6 期。

[25] 何传启:《中国现代化研究的近百年回顾》,《理论与现代化》2018 年第 1 期。

[26] 何传启主编:《中国现代化报告 2020:世界现代化的度量衡》,北京大学出版社 2020 年版。

[27] 何万篷:《"引领区"指向全方位深层次根本性创新变革》,《解放日报》2021 年 7 月 20 日。

[28] 洪银兴:《新时代的现代化和现代化经济体系》,《南京社会科学》2018 年第 2 期。

[29] 洪银兴:《新时代社会主义现代化的新视角——新型工业化、信息化、城镇化、农业现代化的同步发展》,《南京大学学报(哲学·人文科学·社会科学)》2018 年第 2 期。

[30] 胡洪彬:《中国式现代化新道路:生发逻辑、内在机理与成功密码》,《学术界》2021 年第 10 期。

［31］胡云华:《浦东经济发展 30 年:演进、成效及再出发》,《科学发展》2020 年第 2 期。

［32］《建国以来重要文献选编》(第五册),中央文献出版社 1993 年版。

［33］江小涓:《新中国对外开放 70 年》,人民出版社 2019 年版。

［34］蒋天骄:《"深圳经验"背后的密码:以创新经验引领创新作为》,《金融博览》2021 年第 9 期。

［35］李锋、史晓琛:《浦东新区开发开放四十年历程、经验与深化思路》,《科学发展》2018 年第 12 期。

［36］李锋:《浦东开发开放三十年回顾、总结与展望》,《科学发展》2020 年第 3 期。

［37］李仲周:《RCEP 与多边贸易体系相辅相成》,《可持续发展经济导刊》2020 年第 12 期。

［38］《列宁选集》,人民出版社 2012 年版。

［39］《列宁专题文集·论社会主义》,人民出版社 2009 年版。

［40］林建华:《新发展理念是现代化建设的指导原则》,《全球商业经典》2021 年第 2 期。

［41］刘颖华:《加强科学发现权保护,促进基础研究蓬勃发展》,《科技日报》2021 年 7 月 19 日。

［42］刘志彪:《从全球价值链转向全球创新链:新常态下中国产业发展新动力》,《学术月刊》2015 年第 2 期。

［43］卢江、郭采宜:《国际经济格局新变化与中国开放型经济体制构建研究》,《政治经济学评论》2021 年第 3 期。

[44]陆燕:《海南自由贸易港建设在全球贸易中的作用》,《人民论坛》2020年第19期。

[45]罗荣渠:《现代化新论:世界与中国的现代化进程(增订本)》,商务印书馆2009年版。

[46]罗荣渠:《现代化新论》,北京大学出版社1993年版。

[47][英]马丁·雅克:《当中国统治世界:中国的崛起和西方世界的衰落》,张莉、刘曲译,中信出版社2010年版。

[48]《马克思恩格斯全集》(第十九卷),人民出版社1963年版。

[49]《马克思恩格斯选集》(第二卷),人民出版社1995年版。

[50]《马克思恩格斯选集》(第一卷),人民出版社1995年版。

[51]《马克思恩格斯选集》(第一卷),人民出版社2012年版。

[52]孟鑫:《中国式现代化道路的显著特征》,《科学社会主义》2020年第4期。

[53]潘闻闻:《上海范式:要素市场全球资源配置的引领性》,《探索与争鸣》2021年第10期。

[54]彭朝花、郭山宁:《马克思社会发展理论视域下现代化的实质探究、发展逻辑及实现路径》,《福州党校学报》2021年第4期。

[55]《浦东新区国民经济和社会发展第十四个五年规划和二〇三五年远景目标纲要》,上海市浦东新区人民政府,2021年1月。

[56]"浦东新区人才紧缺指数调查(2019)",浦东新区人力资源和社会保障局,2019年12月27日。

[57]《浦东新区人民政府关于印发〈浦东新区建设国际科技创新中心核心区"十四五"规划〉的通知》,上海市浦东新区人民政府,2021

年 8 月 4 日。

[58] 任保平、杨斐:《改革进程的指标测度与对应评估》,《改革》2012 年第 10 期。

[59] [美]塞缪尔·P.亨廷顿:《变化社会中的政治秩序》,王冠华等译,生活·读书·新知三联书店 1989 年版。

[60]《上海市浦东新区国土空间总体规划(2017—2035)》,上海市规划和自然资源局、上海市浦东新区人民政府,2019 年 12 月。

[61] 盛宝富:《在新发展格局下打造上海国际消费中心城市》,《中国外资》2021 年第 9 期。

[62] 盛洪:《外部性问题和制度创新》,《管理世界》1995 年第 2 期。

[63]《十八大以来重要文献选编》(上),中央文献出版社 2014 年版。

[64]《十九大以来重要文献选编》(上),中央文献出版社 2019 年版。

[65] 时家贤、康贺:《马克思恩格斯关于现代化一般性的阐述》,《沈阳师范大学学报》2021 年第 6 期。

[66] 唐爱军:《论全面现代化——关于全面建设社会主义现代化国家的解释框架》,《上海师范大学学报(哲学社会科学版)》2021 年第 5 期。

[67] 唐坚:《将浦东高质量打造成社会主义现代化建设引领区的思考》,《西部学刊》2021 年第 23 期。

[68] 陶希东:《"十四五"时期上海超大城市社会治理:经验、问题

与思路》，《科学发展》2020 年第 5 期。

[69] 王德馨：《早发内生型现代化与后发外生型现代化的区别及启示》，《中国集体经济》2020 年第 26 期。

[70] 王建冬、于施洋、黄倩倩：《数据要素基础理论与制度体系总体设计探究》，《电子政务》2022 年第 2 期。

[71] 王素云、沈桂龙：《论国际贸易投资发展新动向下的海南自贸港建设》，《南海学刊》2019 年第 5 期。

[72] 王一鸣：《百年大变局、高质量发展与构建新发展格局》，《管理世界》2020 年第 12 期。

[73] 王宇航：《中国式现代化文明新形态的世界意义》，《人民论坛》2021 年第 24 期。

[74] 魏丽、肖广岭：《英德美日各国现代化的进程与战略比较及其对中国的启示》，《高校马克思主义理论研究》2020 年第 3 期。

[75] 翁翕：《加快推进数据要素市场化建设，充分发挥数据要素作用》，《中国经贸导刊》2022 年第 3 期。

[76] 吴苏贵：《上海基层社会治理现状及未来发展思路》，《科学发展》2019 年第 11 期。

[77] 吴忠民：《论现代化内生动力》，《教学与研究》2020 年第 11 期。

[78] [美]西里尔·E.布莱克：《现代化的动力》，段小光译，四川人民出版社 1988 年版。

[79] 习近平：《把握新发展阶段，贯彻新发展理念，构建新发展格局》，《求是》2021 年第 9 期。

[80] 习近平:《在科学家座谈会上的讲话》,《中华人民共和国国务院公报》2020 年第 27 期。

[81]《习近平谈治国理政》,外文出版社 2014 年版。

[82] 向祖文:《康德拉季耶夫的长波理论述评》,《当代世界社会主义问题》2009 年第 2 期。

[83] 徐建:《浦东新区打造社会主义现代化建设引领区的全新内涵和推进路径》,《科学发展》2021 年第 1 期。

[84] 杨婷:《浦东社会治理创新的主要实践探索》,《社会治理》2020 年第 4 期。

[85] 杨长湧:《推动新发展格局下的高水平对外开放》,《开放导报》2020 年第 6 期。

[86] 余根雄:《社会主义现代化概念新辨——纪念改革开放 40 周年》,《理论与改革》2018 年第 3 期。

[87] 俞林、华强:《提高要素市场配置效率、建设现代化经济体系》,《光明日报》2020 年 4 月 23 日。

[88] 袁志刚:《上海开放与高质量发展新机遇》,《上海交通大学学报(哲学社会科学版)》2020 年第 3 期。

[89] 张其仔主编:《产业蓝皮书:中国产业竞争力报告(2021)No. 10》,社会科学文献出版社 2021 年版。

[90] 张秀青:《深圳对外开放实践及新时期深化对外开放的挑战与思路》,《全球化》2020 年第 5 期。

[91] 张云飞、曲一歌:《建设人与自然和谐共生现代化的系统抉择》,《西南大学学报(社会科学版)》2021 年第 6 期。

[92] 张占斌:《中国共产党百年经济治理:演变、规律与启示》,《经济社会体制比较》2021 年第 3 期。

[93] 赵明亮、臧旭恒:《国际贸易新动能塑造与全球价值链重构》,《改革》2018 年第 7 期。

[94] 赵婷、陈钊:《比较优势与中央、地方的产业政策》,《世界经济》2019 年第 10 期。

[95] 中共中央文献研究室编:《习近平关于科技创新论述摘编》,中央文献出版社 2016 年版。

[96] 钟永恒、王辉、刘佳等:《中国基础研究竞争力报告 2020》,科学出版社 2021 年版。

[97]《周恩来选集》(下卷),人民出版社 1984 年版。

[98] 周海川、许为、毕钰:《增强国际科技创新中心政策创设能力》,《国家信息中心博士后研究通讯》2021 年第 7 期。

[99] 朱晟君、杨博飞、刘逸:《经济全球化变革下的世界经济地理与中国角色》,《地理学报》2022 年第 2 期。

[100] Lenrer,Daniel,1958,*The Passing of Traditional Society：Modernizing the Middle East*,New York：Free Press.

# 后　记

　　《浦东社会主义现代化建设引领区：逻辑演进与战略路径》是关于上海市浦东新区打造社会主义现代化建设引领区的研究成果，也是上海社会科学院持续对中央在上海实施的国家战略进行研究的重要成果之一。本书基于现代化演进的理论逻辑、时代逻辑和实践逻辑来考虑社会主义现代化建设引领区的中国逻辑，阐释浦东社会主义现代化建设引领区的战略定位与内涵，构建浦东高水平改革开放与引领区建设评价指标体系，分析引领区建设的内外部环境和基础条件，并从智库的视角提出引领区建设的战略路径。

　　本书写作缘起于上海社会科学院与浦东新区在引领区开展深入研究的合作初衷，并期冀为浦东打造社会主义现代化建设引领区提供有益的决策咨询建议。从报告的形成到书稿的出版，经历了引领区一周年纪念以及党的二十大的召开，历时一年左右，几易其稿。二十大报告提出了有关"中国式现代化"的重要论断，使得浦东社会主义现代化建设引领区的相关内容有了更多理论上的深层意义，以及更为长远的战略内涵和实践上的窗口意义。

　　全书框架由王德忠拟定，写作分工如下：第 1 章由余海燕、沈桂龙执笔；第 2 章、第 3 章由刘亮执笔；第 4 章、第 5 章由王玉执笔；第 6 章由张晓娣执笔。

　　本书力图对现代化概念进行多维表达,并基于战略建议的视角展开引领区的相关研究和思考,但由于知识和能力有限,难免出现不周和缺憾,期待专家学者、实践人士和本书读者提出宝贵意见。

**图书在版编目(CIP)数据**

浦东社会主义现代化建设引领区:逻辑演进与战略
路径/王德忠等著.—上海:格致出版社:上海人民
出版社,2023.3
ISBN 978 - 7 - 5432 - 3439 - 0

Ⅰ.①浦⋯　Ⅱ.①王⋯　Ⅲ.①区域经济发展-研究-
浦东新区　Ⅳ.①F127.513

中国国家版本馆 CIP 数据核字(2023)第 024657 号

**责任编辑**　赵　杰
**美术编辑**　路　静

**浦东社会主义现代化建设引领区:逻辑演进与战略路径**
王德忠　等著

| | | |
|---|---|---|
| 出　　版 | 格致出版社 | |
| | 上海人民出版社 | |
| | (201101　上海市闵行区号景路 159 弄 C 座) | |
| 发　　行 | 上海人民出版社发行中心 | |
| 印　　刷 | 上海中华印刷有限公司 | |
| 开　　本 | 720×1000　1/16 | |
| 印　　张 | 15.25 | |
| 插　　页 | 4 | |
| 字　　数 | 161,000 | |
| 版　　次 | 2023 年 3 月第 1 版 | |
| 印　　次 | 2023 年 3 月第 1 次印刷 | |
| ISBN | 978 - 7 - 5432 - 3439 - 0/F・1494 | |
| 定　　价 | 68.00 元 | |